AF561825

LA COMTESSE

DE FARGY.

DE L'IMPRIMERIE DE J. TASTU,
RUE DE VAUGIRARD, Nº 36.

LA COMTESSE
DE FARGY.

PAR

MADAME DE SOUZA.

TOME TROISIÈME.

PARIS.
ALEXIS EYMERY, LIBRAIRE-ÉDITEUR,
RUE MAZARINE, N° 30.

1822.

LA COMTESSE DE FARGY.

Je me hâte, ma chère Blanche, de poursuivre la pénible tâche que je me suis imposée. Croyez qu'il me faut un grand effort, pour revenir ainsi sur les événemens qui m'ont conduite dans l'abîme où je suis.

Après la mort de Louis XIV, une partie de la vieille cour s'était retirée, et ne vivait plus que de souvenirs et de craintes. Ces anciens courtisans se présentaient par intervalles au lever du jeune roi, le considéraient avec un morne attendrissement, et s'éloignaient en silence. Tout en eux dévoilait la funeste pensée que plusieurs mêmes se permettaient d'exprimer, et que l'indifférence du régent méprisait et pardonnait.

La jeune cour semblait une troupe d'écoliers échappés à la surveillance de leur maître. On se réjouissait, on se félicitait, à la seule idée qu'on allait s'égayer. Le besoin de secouer ce qu'on appelait un joug triste et pesant, fit souhaiter une liberté sans borne. On se moquait de ces formes générales, qui, sous le dernier règne, avaient réglé toutes choses. Bientôt, en effet, chacun fut comme il voulait être. Je ne sais si cette expression vous frappera, ou si vous la laisserez passer sans y faire attention. Cependant, ma chère Blanche, je ne puis peindre autrement ce besoin d'indépendance, cette prétention d'être soi, de suivre ses penchans, ses fantaisies, sans se soucier de ce qu'on en pourrait dire. Dès-lors, une vie désordonnée devint un état pris par choix, avoué sans honte, et souvent même affiché avec ostentation.

Depuis long-temps monsieur de Fargy, admis dans la société du régent, y était un des plus assidus. Je sentais tout ce qu'une pareille faveur allait lui donner de force contre moi, et combien elle pouvait être dangereuse pour mon fils. Il approchait de sa seizième année. Je n'avais plus d'appui pour le conserver sous cette influence exclusive, qui m'avait servie à le guider jusqu'alors. Madame de Maintenon était à Saint-Cyr, où elle ne recevait personne. Toutes mes amies s'étaient dispersées ; elles affectaient de fuir une cour où elles disaient avec orgueil n'être plus à leur place. Je me trouvais donc aussi seule, aussi isolée, qu'au premier instant où j'étais entrée dans le monde ; tout me manquait à la fois.

Je craignais autant de voir monsieur de Fargy, que je l'avais désiré dans des temps plus heureux. Chaque fois que ma porte s'ouvrait, j'éprouvais une sorte de frémissement ; il me semblait toujours qu'il allait paraître, et j'imaginais déjà l'entendre me déclarer, avec le ton d'un père absolu, que dorénavant il voulait disposer de son fils.

Monsieur de Fargy, trop occupé d'intrigues dans les premiers momens d'une régence qu'on croyait incertaine, et qui ne fut pas même contestée, nous oublia pendant quelques jours. Je commençais à me rassurer, lorsqu'il entra chez moi, et me dit avec une gaieté inconcevable : « Hé bien, Madame! êtes-vous fort » affligée? » — Je n'osai pas avouer la peine qui oppressait mon cœur, et me bornai à le regarder sans lui répondre. Je vis que l'impatience le gagnait; mais cherchant à paraître froid et décidé, il reprit : « Écou- » tez-moi, Madame, et vous aussi, » jeune homme; car chacune de mes » paroles est une loi, sur laquelle » je n'admettrai point de représenta- » tions. »

Ce ton de maître, qu'il n'avait pas encore pris avec moi, me fit juger qu'il voulait déployer toute son autorité, pour la mieux établir. Je pensai que, peut-être, il désirait trouver une résistance contre laquelle il pût s'armer d'abord, pour n'avoir plus à lutter sans cesse, avant d'être obéi. Je me résolus donc à attendre en silence la suite de ce préambule.

Il me regarda à son tour, attendit aussi, et ne voyant aucun signe, ni d'opposition ni de consentement sur ma figure, il continua : « Je » compte disposer de mes soirées sui» vant ma fantaisie : ce temps, vous » pourrez le consacrer à vos doctes » entretiens. » — Il prononça ces mots assez gaiement. — « Mais, » ajouta-t-il, comme les plaisirs ne

» doivent pas faire oublier la considération, je veux jouir noblement de ma fortune, puisque nous voilà libres, et que la France entière est hors de tutelle. »

Toutes les fois qu'il disait quelque chose contre le dernier règne, il me jetait un coup-d'œil accompagné d'amers sourires, et comme s'il m'adressait des personnalités.

« J'aurai donc une maison ouverte, continua-t-il, et de grands dîners où vous assisterez, Madame, et où mon fils se formera pour le monde. Les personnes que j'y inviterai, seront un milieu entre les sociétés que vous cultiviez jadis, et celles qui m'aideront, les soirs, à effacer jusqu'au souvenir de la contrainte où j'ai

» passé ma vie. Car vous convien-
» drez, Madame, que je n'avais pas
» assez à me louer de votre béate
» et de ses antiquailles., pour les
» regretter. »

Béate, antiquailles, étaient les expressions familières de la cour du régent. Monsieur de Fargy s'en servait pour m'offenser. Sans doute, il espérait m'amener à quelques reparties, qui l'eussent autorisé à me signifier encore plus expressément ses volontés. Je ne répondais rien; son humeur était au comble : mais je ne craignais pas de l'exciter, pour bien connaître toute sa pensée.

« A ces dîners, me dit-il, il y
» aura des conversations qui éclai-
» reront l'esprit de mon fils, et
» adouciront un peu l'âpreté de ca-

» ractère, et le rigorisme que je
» n'ai pu vous empêcher de lui donner. Il s'accoutumera à voir discuter les affaires graves sans s'y
» appesantir. Il entendra parler des
» plaisirs permis en bonne compagnie, sans qu'on crie au scandale
» ni qu'on manifeste d'indignation.
» J'ai demain quarante personnes à
» dîner ; c'est un repas de réjouissance. »

A ce mot de *réjouissance*, quand il me savait navrée de douleur et d'inquiétudes, il baissa les yeux; mais le sourire était sur ses lèvres. Il s'en était encore servi pour se venger de ses ennuis passés, et assurer son repos à venir. Il suivait son système de dire hautement, et en une fois, ce qu'il voulait établir sans contradiction.

« C'est un dîner de réjouissance,
» répéta-t-il ; toutes les personnes
» attachées au régent y seront. Je
» vous prie de les recevoir comme
» mes amis ; et vous préviens que,
» si vous faisiez la moindre difficulté
» pour y paraître, mon fils y vien-
» drait seul. Alors, il me serait im-
» possible de surveiller tous les pro-
» pos qu'on pourrait y tenir, et que
» votre présence arrêterait sans
» doute. Voyez si vous êtes déter-
» minée à me satisfaire sur ce
» point ? »

Cette manière directe de m'interroger ne me permettait plus de garder le silence. Je l'assurai que je serais prête à suivre mon fils dans la nouvelle société qu'il voulait lui donner, et que je me trouverais dans le salon pour la recevoir. Un consentement si prompt adoucit un peu monsieur de Fargy. Le ton despotique qu'il avait pris d'abord fit place à plus de complaisance.

« Mon pauvre enfant, dit-il à
» son fils, avant la mort du roi, les
» amis de ta mère auraient pu te ser-
» vir : je laissais donc aller les choses
» que, d'ailleurs, je ne pouvais em-
» pêcher. Actuellement, c'est à moi
» à te préparer une existence qui
» puisse un jour satisfaire tes désirs,
» et mes vues sur toi. Je prétends
» que tu sois considéré en raison de
» mes relations et de ma fortune;
» compté par l'état que je veux avoir

» dans le monde ; remarqué par ta
» bonne grâce. Les principes sévères
» que tu as reçus ne te nuiront pas
» entièrement, si tu as soin de les
» bien cacher au fond de ton ame.
» Mais je t'en prie, qu'il n'en paraisse
» rien ; qu'on sache seulement qu'ils
» y sont, pour te donner une réputa-
» tion de solidité auprès de ceux
» qui en font cas. Qui sait alors, si
» le hasard ne pourra pas les faire
» servir à ton avancement ? Car, ce
» qui forme ce qu'on appelle l'opi-
» nion du monde, est une chose à
» mourir de rire. Au surplus, je me
» charge de faire courir sous terre le
» bruit de la grande éducation que
» tu dois à Madame ! » A ces mots,
il me salua d'assez bonne grâce, et
reprit : « Pourvu que tu ne t'en mêles

» point, tu seras tout étonné d'en re-
» cueillir le fruit, au moment où tu
» y penseras le moins. Mais encore
» une fois, garde-toi des airs ca-
» pables. Ne te permets jamais un
» reproche; ne donne jamais un
» conseil, quand même la confiance
» viendrait te le demander. Sou-
» viens-toi bien, que l'on ferait tout
» ce qu'on voudrait des hommes, si
» on ne cherchait à les employer que
» pour soi; c'est lorsqu'on veut les
» diriger pour eux, qu'ils vous
» échappent. Grâce au ciel, la car-
» rière est ouverte; et l'on peut
» maintenant parvenir, sans se sou-
» mettre à trop d'hypocrisie. Je sens
» pour toi une ambition démesurée;
» la suite me fera voir si tu es digne
» de seconder mes projets. J'ai perdu

» ma jeunesse à cette cour, dont je » n'ai jamais pu prendre les grands » airs de circonspection, ni les for- » mes pompeuses et solennelles. Il » serait trop absurde que tu per- » disses la tienne, pour les conser- » ver, quand elles sont devenues ri- » dicules. Je veux te préparer la » plus brillante existence. Je ne » m'occuperai que de toi jusqu'à » l'heure du souper, que je me ren- » drai chez le régent. Alors, on ne » voit que ses amis, on éloigne les » ennuyeux, et l'on dit adieu aux » affaires. Là je t'oublierai, je m'ou- » blierai un peu aussi; mais nous » nous retrouverons le jour sui- » vant. »

Il se lèva, et serrant son fils dans ses bras il lui dit : « Je t'aime plus

» que je n'ai jamais voulu l'avouer ; » tu ne dépendais pas entièrement » de moi !... » — A ce souvenir, il me regarda d'un air de reproche, qu'il me parut cependant vouloir adoucir : « Compte sur l'affection » d'un bon père, ajouta-t-il. Mais » je t'en conjure, mon petit pédant, » secoue ces airs posés, qui, à la » mode hier, seraient suffisans pour » perdre un homme aujourd'hui. » Jouis de tout, et ne songe qu'à » t'amuser. »

Mon fils parut touché de la tendresse que son père lui témoignait ; cependant, je voyais qu'il était comme étourdi de ces règles de conduite, si différentes de celles que je lui avais données.

Avant de sortir, monsieur de Far-

gy me dit : « Madame, je vous ai
» laissée décider, ordonner pendant
» seize ans. Vous m'avez toujours
» prié de ne pas gâter votre ou-
» vrage; et, sentant que des prin-
» cipes trop contraires feraient une
» étrange confusion dans une jeune
» tête, je vous ai abandonné *mon*
» *fils*. A présent, si vous n'avez pas
» perdu votre temps, vous devez
» être maîtresse de ses affections. J'y
» consens encore; mais, que dans
» son ton, dans ses manières, je ne
» trouve plus la moindre trace de
» ces airs de vieux seigneur qu'il a
» déjà. Le public se moquerait de
» lui, et les femmes se le montre-
» raient comme un bel antique. »
— En finissant ces mots, il me salua
d'un léger signe de tête; il y avait

sur sa figure la satisfaction de m'avoir tout dit, et il nous quitta.

Nous restâmes confondus, mon fils et moi. C'était le lendemain qu'il devait paraître dans un monde, pour lequel je n'avais cessé de lui inspirer de l'éloignement. Il paraissait en avoir de l'effroi; j'en avais plus que lui. J'ignorais quelles seraient les personnes qui viendraient à ce grand dîner; je ne pouvais donc les lui faire connaître. Je pensai d'ailleurs, qu'il valait mieux lui laisser le soin de les juger lui-même, écouter ensuite ses réflexions, et me borner à rectifier les idées qui ne seraient pas justes. Je l'avertis qu'en passant dans la salle à manger, l'homme que je regarderais, serait celui près de qui je désirais qu'il allât se placer. Hélas! je comptais m'arrêter à celui qui serait le meilleur; et si je n'en voyais pas de meilleur, de préférer, au moins, celui dont les inconvéniens n'auraient rien de propre à le séduire. Nous causâmes encore long-temps ; je tâchai de tout prévoir, et nous nous séparâmes.

La dernière conversation de monsieur de Fargy me fit juger qu'il avait formé son plan depuis long-temps; et, comme il l'avait dit, que ce plan était irrévocable. A mon réveil, le jour suivant, on me présenta une lettre de lui, conçue en ces termes :

« A présent, Madame, vous devez savoir que les airs graves de mon fils ne me plaisent point, et qu'ils paraîtraient ridicules. Je vous abandonne le cœur, l'ame, les réflexions, la pensée ; c'est, je crois, un assez beau domaine. Mais je tiens absolument aux dehors. Il est fort important qu'un jeune homme entre dans le monde, sans annoncer aucune espèce de prétention; tous ces partis pris d'avance, établissent une manière d'être, qu'il est ensuite très-difficile de changer, sans exciter d'étonnement.

» Mais, Madame, je m'occupe aussi de vous : je souhaite, quand j'aurai du monde, que vous soyez mise comme les femmes de votre rang le sont à présent; que votre parure soit un milieu entre la recherche et la négligence. Je vous envoie une robe que je vous prie de porter aujourd'hui. Votre coiffure, si simple, n'est plus de ce temps; d'ailleurs elle était prématurée avec votre âge et votre figure. Jeune, vos respectables amies vous ont su gré de vous être faite vieille de bonne heure. Je ne vous demande point de recourir après vos premières et belles années, d'en reprendre les ornemens; mais je désire que vous vous teniez à une égale distance de tous les extrêmes. Quittez donc vos longues robes trop unies, vos couleurs modestes; et que ceux qui viendront chez vous, ne croient point voir apparaître une critique vivante des personnes avec lesquelles j'entends que mon fils vive. »

Je relus cette lettre plusieurs fois; *ce cœur*, *cette ame*, *ces pen-*

sées qu'il prétendait m'abandonner, je sentais bien qu'il espérait s'en emparer peu à peu; mais j'avais besoin de suivre mon fils, à travers la route dangereuse qu'on voulait lui faire parcourir. Ne pas le quitter, conserver sa confiance, et affaiblir l'influence d'un père, sans diminuer le respect qui lui est dû, voilà quels étaient mes devoirs et mes seules espérances. Monsieur de Fargy était bien sûr de me soumettre à toutes ses volontés, à ses caprices mêmes, en me montrant de loin qu'il pouvait me séparer de mon fils, et le livrer sans frein, sans conseil, à tous les genres de séduction.

Je considérais tristement cette brillante robe ponceau, relevée avec des canetilles d'or. Voilà, me disais-je, ce milieu qu'il prescrit : elle n'est pas couleur de rose, comme serait celle d'une jeune personne; elle n'est pas brune, comme celle d'une femme âgée ; cette robe est, ainsi que moi, entre trente et quarante ans.

Mon fils arriva. Il n'était pas trop au fait des idées qu'on attache aux diverses nuances des couleurs. Le ponceau le frappa. Accoutumé à ma simplicité, il me demanda d'un air chagrin, si j'allais mettre cette robe? — Je lisais sur sa figure qu'il la trouvait trop éclatante, trop jeune pour moi, et n'osait pas me le dire. — Je lui répondis : « C'est un présent » que votre père vient de m'en-

» voyer; il doit m'être précieux. » — A ces mots, il ne se permit pas une observation, et s'en alla.

Je vous raconte ces légères circonstances, parce qu'elles prouvent que monsieur de Fargy voulait rompre toutes mes habitudes, faire de moi une personne nouvelle, et même changer mon extérieur, de manière qu'on ne pût me reconnaître. Je me soumettais en gémissant. A tous les sacrifices qu'il exigeait, j'entendais une voix intérieure me crier : « N'abandonne pas ton fils. »

Je commençai ma toilette, pour être prête à l'heure du dîner. Monsieur de Fargy avait donné l'ordre à mes femmes que ma parure, quoique assez magnifique, n'eût pourtant rien d'exagéré; elles s'y conformèrent.

Je mis cette robe, et je finissais de m'habiller quand il entra. Il me remercia de ma complaisance, et me dit avec grâce qu'il reconnaissait l'épouse qu'il avait choisie. « Mais, » ajouta-t-il, des liaisons trop diffé- » rentes nous séparaient. La con- » fiance, le désir de se voir s'étaient » insensiblement affaiblis, et nous » devons faire chacun la moitié des » pas qui nous rapprocheront ; » puis il ajouta en riant : « Mon fils » se placera entre nous, et nous réu- » nira. »

Monsieur de Fargy, satisfait, parut aussi doux que la veille il s'était montré sévère. Je vous ai déjà dit, ma chère Blanche, que personne n'était plus aimable que lui, lorsqu'il n'éprouvait aucune résistance, ou qu'il ne s'ennuyait point. Malheureusement, le sérieux et l'ennui lui semblaient une même chose, et il les nommait des ennemis mortels.

Lorsque mon fils me vit, il s'arrêta tout étonné : « Mon père avait » raison, s'écria-t-il ; cette robe » vous sied à merveille, Maman, et » vous avez l'air de ma sœur. » — Que ce compliment me fit de peine ! Il condamnait tout-à-l'heure cette parure, me disais-je ; et, parce qu'elle m'ôte quelques années, le voilà qui l'approuve. En sera-t-il de même du reste de la vie ? suffira-t-il qu'un objet lui plaise, ou réussisse, pour qu'il cesse de le blâmer? Aurais-je dû m'y attendre, avec ce caractère ferme, décidé, que ma tendresse seule pouvait assouplir ?

Monsieur de Fargy triomphait, en voyant la satisfaction de son fils ; il y joignit ses éloges, et nous passâmes dans le salon. Toutes les personnes qu'il m'avait annoncées arrivèrent. C'était, comme il m'en avait prévenue, la société intime du régent ; mais il avait aussi invité des ministres, des magistrats, enfin tous ceux qui s'étaient dévoués à ce prince, aussitôt après la mort du Roi.

A dîner, on causa d'abord avec réserve ; je voyais que c'était par égard pour moi : mais, peu à peu, monsieur de Fargy donna le ton, et l'on attaqua sans ménagement le dernier règne. Jusque-là, mon fils n'en avait entendu parler qu'avec admiration ; ses yeux cherchaient les miens, et les rencontraient toujours.

A chaque critique, j'examinais s'il ne s'en montrait pas trop blessé; à chaque plaisanterie, je craignais qu'il ne s'en amusât. Son sérieux m'inquiétait, son sourire m'aurait fait trembler. Je n'écoutais, ne regardais que pour juger quelle impression il recevait.

Après dîner, on se divisa en différens groupes, suivant ses liaisons. Mon fils vint s'asseoir derrière mon fauteuil : je vis avec plaisir qu'il avait encore le besoin d'être près de sa mère. Les gens en place, rappelés par leurs affaires, partirent les premiers; monsieur de Fargy sortit bientôt après, et le reste le suivit, car personne n'était venu pour moi.

Dès que nous fûmes seuls, je rentrai dans ma chambre pour me débarrasser de ma parure. Mon fils était enchanté de se retrouver avec moi ; et, quand j'eus repris une de mes robes simples et accoutumées, il s'écria : « Voilà ma mère ! la » voilà comme je l'ai toujours vue, » et nous allons causer. »

Je ne vous rendrai pas compte de cet entretien, ma chère Blanche ; mais je me bornerai à vous dire que je me sentais avancer comme sur des épines. S'il m'échappait un mot qui pût faire allusion à monsieur de Fargy, je m'empressais de le rectifier : je me rejetais sur la facilité qui l'avait entraîné ; enfin je cherchais à ne pas détacher de lui le cœur de mon fils, en même temps que je me croyais obligée d'éclairer sa raison.

Le jour d'après, monsieur de Fargy le fit demander, et le retint deux heures avec lui. J'étais dans un trouble que je n'avais jamais éprouvé; je ne pouvais me livrer à aucune occupation. J'avais à sortir, et il m'était impossible de m'éloigner, sans avoir su ce qu'ils avaient pu se dire pendant une si longue conférence! D'ailleurs, était-ce une habitude que monsieur de Fargy comptait prendre? et voulait-il, en attirant son fils à lui, le séparer insensiblement de moi?

Je n'ignorais pas que monsieur de Fargy respecterait toutes les idées d'honneur suivant le monde, mais qu'il se moquait fort de la régularité des mœurs. Je craignais cette légèreté d'esprit qui le portait à plaisanter sur toutes choses, tandis que mon fils savait que je mettais de l'importance à ses moindres actions, et que je lui faisais rechercher avec soin les motifs imperceptibles qui l'avaient fait agir. Quel avantage monsieur de Fargy ne devait-il pas avoir sur moi, pour séduire une jeune tête !

Ces deux heures me parurent des siècles ; réellement j'avais la fièvre, quand mon fils entra et me dit : « Je suis bien pressé, Maman ; mais » je n'ai pas voulu m'en aller, sans » vous avoir vue : mon père m'at- » tend pour monter à cheval avec » lui. » Il m'embrassa et me quitta ; je n'eus pas le temps de lui faire une seule question.

Je courus à ma fenêtre. C'était beaucoup pour moi de le voir encore, d'observer sa figure, de m'assurer s'il accompagnait son père avec plaisir, ou par soumission. Monsieur de Fargy était déjà à cheval dans la cour : il m'aperçut, et me cria : « J'ai oublié de vous faire dire » que j'avais quelques personnes à » dîner, mais sans cérémonie. Ainsi » ne vous gênez point. » En finissant ces mots, il me salua, et partit avec mon fils.

Je restai accablée. Sûrement les gens raisonnables me diront qu'un père est bien le maître de disposer de son fils. J'en conviens : mais, depuis sa naissance, le mien ne m'avait jamais quittée. Je lui avais consacré ma vie entière; et monsieur de Fargy qui, jusque-là, ne s'en était occupé que par fantaisie et en passant, annonçait tout-à-coup le projet de me l'enlever! J'éprouvais une inquiétude d'esprit que je ne puis exprimer. J'attendis son retour avec impatience; ma pensée ne se fixait à rien, et saisissait tout ce que j'avais à redouter pour l'avenir.

Lorsque mon fils revint, il accourut vers moi. Il m'apprit que son père l'avait mené chez plusieurs de ses amis, où il avait trouvé des jeunes gens de son âge, avec lesquels il désirait qu'il se liât. Il ajouta qu'il lui avait donné la liberté d'aller seul, pourvu qu'il lui rendît compte de ses démarches, jusqu'à ce qu'il eût acquis un peu d'expérience. « Je ne suis donc même plus con-» sultée! » m'écriai-je en fondant en larmes.—C'étaient les premières que

mon fils me voyait répandre ; il en fut consterné. « Ah, me dit-il, ras-
» surez-vous : convenons entre nous
» de quelque signe ; et un regard,
» un mouvement suffira pour m'ar-
» rêter. Si vous craignez de fâcher
» mon père, en vous montrant d'un
» avis différent du sien, baissez seu-
» lement les yeux, et je devinerai
» votre volonté. C'est moi qui me
» refuserai à tout ce qui pourra vous
» déplaire. »

Mon pauvre fils ne pouvait me promettre davantage ; je repris un peu de confiance. Mais que vous dirai-je, ma chère Blanche ? monsieur de Fargy, toujours occupé du projet de s'emparer de son fils, l'entraînait sans cesse, par des devoirs nouveaux, par de nouveaux plaisirs, et je ne le voyais plus que par momens : hélas ! ces momens étaient encore mon seul bonheur.

Chaque jour, monsieur de Fargy me signifiait quelques volontés imprévues. Si je me permettais la plus légère représentation, c'étaient des scènes qui, souvent, me paraissaient être la suite naturelle de son caractère impétueux ; mais, plusieurs fois aussi, je les ai crues feintes ou volontaires, pour me gouverner plus sûrement.

Il continuait à tenir une maison ouverte. Obligée de recevoir tout ce qu'il invitait, tout ce qui se présentait, j'étais une espèce de statue assise dans le fauteuil où se place la maîtresse de la maison ; une statue qu'on venait saluer d'abord, et dont on s'éloignait aussitôt, pour rejoindre, dans le salon, ceux à qui l'on avait à parler; car il était devenu à la mode de se donner rendez-vous chez moi. J'étais fatiguée, excédée; et monsieur de Fargy, enivré de joie, se croyait considéré, parce qu'il était fort recherché. Vers neuf heures, cette foule s'éclipsait à la fois; on savait que c'était l'instant où il se rendait au Palais-Royal, ou au Luxembourg. Il n'aurait pas souffert qu'on me manquât d'égards; cependant, il n'était pas trop fâché qu'on m'oubliât pour s'occuper de lui uniquement.

Mon fils allait beaucoup dans le monde : son père l'exigeait; mais les jeunes amis qu'il lui avait choisis ne convenaient point à son caractère.

Leur légèreté blessait son ame tendre et passionnée : ils couraient sans cesse après de vains plaisirs ; mon fils aurait eu besoin de se livrer à ses affections. Je voyais qu'il regrettait notre ancienne et paisible solitude. Pourtant, il était bien rare que nous trouvassions le temps de causer ; lui fort répandu, moi entourée comme je l'étais.

On m'apprenait que, partout, il avait un air mélancolique, et souvent ennuyé. Son maintien grave, son regard sévère, m'imposaient à moi-même, et impatientaient son père. Quand ses amis étaient avec lui, il se moquait de son fils fort agréablement ; mais, dès que nous étions seuls, il le blâmait avec beaucoup d'aigreur.

Je me souviens qu'un jour il lui dit : « La nature vous avait fait ai-
» mable et bon. Je ne sais qui a eu
» assez d'influence sur votre esprit
» pour vous changer ; mais il n'y a
» pas de remède. Ce que j'appelle
» dureté, vous le nommez force ; et
» vous avez plus d'estime pour vos
» défauts, que pour vos qualités. » — En parlant ainsi, il me regardait d'un air mécontent. Mon fils entendait les railleries avec indifférence, écoutait le reproche avec respect, et conservait exactement son ton et ses habitudes.

Lorsque monsieur de Fargy avait l'air trop irrité, mon fils m'évitait avec soin, dans la crainte que son père ne m'accusât d'encourager une manière d'être qui lui semblait ridicule. Hélas! le père ne voyait que l'inconvénient dont il était choqué ; le fils n'apercevait que les torts d'une conduite qui lui paraissait répréhensible; et ils ne pouvaient s'entendre.

J'étais obligée de m'avouer que mon fils se complaisait dans l'extrême rigueur de ses principes. Le contraste de ses sentimens avec l'insouciance des personnes qu'il était obligé de voir, ajoutait encore à cette disposition. L'expérience et le temps pouvaient seuls la modifier ; car la jeunesse met tout à son niveau : ce qu'elle s'interdit, elle le défend à tous. Il n'y a que l'âge, ou le malheur, qui apprenne à rester sévère pour soi, en cessant de l'être pour les autres. Ainsi, tandis que la société qui nous était donnée, vivait gaiement dans l'indifférence du bien et du mal, et semblait même en avoir perdu la science, le cœur noble et brûlant de mon fils ne trouvait aucune vertu assez difficile.

Indépendamment de ces grands et continuels dîners dont je vous ai parlé, monsieur de Fargy donnait souvent des fêtes brillantes. Sa dépense était hors de toute proportion avec sa fortune, et j'avais encore à supporter ce genre de crainte. Je passai ainsi plusieurs années.

Un soir que je m'étais retirée dans ma chambre, rêvant tristement à mon fils, je le vis entrer. Sa figure était plus sombre que de coutume; il paraissait accablé de réflexions pénibles. Après un long silence, il me dit : « Vous n'êtes pas heureuse, ma

» mère ! » —Je ne répondis point.— Il fut encore un instant sans me parler ; enfin un profond soupir lui échappa, et il reprit : « Il faut que » vous me pardonniez, ma mère ; car » vous avez à me pardonner. Quand » mon père eut conçu le dessein de » diriger ma conduite, ses opinions » me semblaient si différentes des » vôtres, que je vous crus un peu » trop austère. D'ailleurs, il me trai- » tait avec une si parfaite bonté, que » j'en étais touché. Je n'oublierai » jamais son affection ; elle restera » gravée dans mon cœur, comme la » vôtre, et je sacrifierais ma vie, » pour lui et pour vous, sans hésiter. » Il m'a mené dans le monde ; j'ai osé » vouloir, à mon âge, examiner qui » avait raison de vous, ou de lui ;

» c'est là ce qu'il faut que vous me » pardonniez.... mais, quand les pa- » rens sont divisés, les enfans croient » pouvoir s'établir juges.... »

Mon pauvre fils pressa ma main dans les siennes, en répétant encore : « *Dites-moi que vous me pardon-* » *nez.* » Une voix secrète m'avertissait que ce n'était point là le véritable motif de son inquiétude. Je sentais qu'il voulait effacer de son cœur le souvenir du moindre tort envers moi, avant que nous eussions à souffrir d'une peine commune; je le connaissais si bien !

Je l'écoutais avec effroi, lorsqu'il ajouta : « Rassurez-vous, ma mère ; » plus je fréquentais ces jeunes gens » inconsidérés que mon père me » forçait de voir, plus je me trou-

» vais séparé d'eux; moins j'étais » avec vous, plus mon ame vous ap- » pelait, vous cherchait. Vous avez » été l'ange qui m'a sauvé : loïn de » vous vos paroles, vos leçons, re- » tentissaient dans mon cœur. Ma » bonne mère, vous m'aviez per- » suadé avant de me convaincre ; et » mon père voulait changer toutes » mes idées, sans même se donner » la peine de les combattre. Il » croyait qu'il suffisait de s'en mo- » quer, pour les détruire; il eût eu » une bien autre puissance, s'il n'eût » laissé agir que sa bonté... Cepen- » dant, ma mère, je n'aurais peut- » être pas encore osé vous parler » avec tant d'abandon ; mais ce ma- » tin...... »

Mon fils s'arrêta ; il me regardait ;

j'attendais qu'il me confiât ce qui pesait sur son cœur. Je lui rappelais ma tendresse ; je me servais de tous les noms que je lui avais donnés dans son enfance, pour le raccoutumer à m'ouvrir son ame. Il hésitait, m'observait d'un air incertain, paraissait douter de ce qu'il pouvait dire, de ce qu'il devait taire.... Je partageais ses angoisses, sans connaître ce qui les causait.

« Ma mère, reprit-il, et la meil-
» leure des mères! promettez-moi
» que vous vous soumettrez sans
» murmure, quels que soient les
» secrets que j'aie à vous appren-
» dre. » — Je m'y engageai. —
« Que pas un mot ne laissera dé-
» couvrir à mon père que je vous
» ai avoué sa position. » — Je le

promis encore ; je promis tout ce qu'il voulut, tant j'étais pressée de savoir ce qui le troublait. Alors il ajouta : « J'ai lieu de croire que la » fortune de mon père est fort dé- » rangée : en même temps je suis » certain que son orgueil ne lui per- » mettra pas de réformer un état de » maison qu'il ne peut plus soutenir.

» J'étais chez lui ce matin, lors- » qu'un homme, qu'il n'attendait » pas, est venu lui demander de » l'argent. Son ton était si arrogant, » que je suis resté, quoique mon » père m'ordonnât de me retirer. Le » besoin ou les droits de cet hom- » me, le portaient à insister sans » égards ; et le caractère impétueux » de mon père me faisait trembler. » J'ai été témoin d'une scène qui

» m'a fait bien du mal. Cet homme » voulait de l'argent ; il lui en fal- » lait tout de suite, disait-il, et il » menaçait de ne pas se retirer sans » en avoir. Enfin, il a proposé à » mon père de lui céder une de ses » terres ; et mon père y a consenti, » avec une facilité qui m'a fait fré- » mir. » — « A combien monte la » somme qu'il demandait? repris-je » effrayée. » — « Je l'ignore : ils se » sont mis à causer dans l'embrâsure » d'une fenêtre ; ils parlaient si bas, » que je n'ai pu rien entendre. Sûre- » ment, mon père s'est soumis à tout » ce qu'il exigeait ; car bientôt leurs » figures, d'irritées qu'elles étaient, » sont devenues gaies et confiantes ; » et ils sont sortis ensemble.

» En partant, il m'a dit de res-

» ter, qu'il allait revenir; mais il
» n'a pas reparu de la matinée. A
» l'heure du dîner, je suis remonté
» près de vous; il est rentré tard, et
» ne m'a vu que dans le salon. Aus-
» sitôt, il m'a demandé si je vous
» avais parlé de l'extravagance de
» cet homme : je l'ai assuré que non.
» Quoiqu'il affectât de traiter cela
» fort légèrement, j'ai jugé qu'il
» était très-satisfait que vous n'en
» eussiez pas été instruite. Cepen-
» dant, je viens vous prévenir de la
» situation de mon père, et vous
» supplier de lui adoucir tous les
» sacrifices qui seront nécessaires.
» J'ai pensé que, si vous lui propo-
» siez de faire un voyage avec moi,
» sous le prétexte de terminer mon
» éducation, pendant son absence,

» vous pourriez régler notre maison » d'après nos moyens ; vous lui sau- » veriez ainsi tous les embarras d'un » amour-propre qui ne peut souffrir » de décheoir. »

J'étais étonnée d'entendre mon fils parler de la perte de notre fortune, comme s'il eût oublié que c'était aussi la sienne qu'on avait détruite. Avec quelle fierté de mère, je lui dis que je l'estimais et que j'admirais son courage!

Les jours suivans, monsieur de Fargy fut sans cesse en courses dont nous ignorions les motifs. Mon fils ne put trouver le moment de renouer aucun entretien avec lui. Mais, jugez de notre surprise, lorsqu'il nous annonça une fête plus magnifique que celles qu'il avait données jusque-là. Tout ce qu'il y avait de connu fut invité. J'en fis tristement les honneurs. Mon fils, obligé de s'y montrer, eut une contenance si grave qu'on put juger qu'il la désapprouvait. Je m'approchai, et lui dis bien bas : « Il ne faut blâmer son » père, ni par ses paroles, ni par ses » regards. » — « Mon père et vous, » me jugerez dans le malheur, me » répondit-il ; mais je ne puis me » contraindre, au point de dissimu- » ler ce que je fais gloire de sen- » tir. »

Monsieur de Fargy, en nous voyant ensemble, s'avança, et me dit d'un air courroucé : « J'espère, » Madame, que vous n'encouragez » pas mon fils dans un esprit de cri- » tique, qui serait un manque de tout

» respect pour moi. » —Il s'éloigna, sans me laisser le temps de lui répondre. Mes yeux le suivaient avec crainte, et je les reportais sur mon fils, pour l'engager à plus de douceur. Il me faut avouer que je ne trouvai, dans l'un et dans l'autre, que le sentiment profond qui les blessait, et n'en obtins aucune pitié pour les tourmens que j'éprouvais.

Nous apprîmes bientôt que monsieur de Fargy avait vendu toutes ses terres. Il ne pouvait toucher aux miennes, sans que je m'engageasse pour lui; et, j'en demande pardon au ciel, je sentis une sorte de joie à penser, qu'au moins ce qui resterait de fortune à mon fils lui viendrait de moi.

Monsieur de Fargy n'était plus un

instant chez lui. Dès la pointe du jour, il sortait à pied, assez mal mis, et ne rentrait qu'à l'heure du dîner. Il y affectait, par momens, une gaieté bruyante, comme s'il eût voulu s'étourdir; plus souvent, il retombait malgré lui, et semblait absorbé dans de profondes rêveries. Ce n'était plus le même homme; son esprit si aimable, ces saillies qui animaient tout n'existaient plus; son ame, sa pensée étaient toujours loin. Je remarquai qu'il se livrait à table à des excès, trop à la mode dans ce temps, et qu'il ne s'était jamais permis devant moi. Je voyais bien qu'il ne s'y abandonnait point par goût, mais qu'il cherchait à se distraire, à se mettre hors de lui. Je n'osais pas le regarder, de peur qu'il ne crût que je l'observais. Les grands yeux noirs et sombres de mon fils semblaient le gêner; il se retournait souvent pour les éviter. Lorsqu'il était sorti, nous restions, mon fils et moi, en silence, écoutant, frémissant au moindre bruit, comme si nous allions apprendre une nouvelle désastreuse.

C'est dans cette disposition, qu'un matin j'entendis monsieur de Fargy accourir chez moi. Il ouvrit ma porte avec fracas; sa figure était rayonnante de joie. Il ordonna à une de mes femmes d'aller chercher son fils, de se dépêcher; et il s'assit sans me parler, jusqu'à ce qu'il fût arrivé.

Dès que mon fils parut, il lui dit : « Je ne vous rappellerai point com- » bien votre manière d'être m'a dé-

» plu, surtout dans ces derniers
» temps, et au moment où je ne
» songeais qu'à augmenter votre for-
» tune. Ce n'est pas la mienne qui
» m'occupait. J'ai fort bien vécu
» jusqu'à ce jour, avec ce que mes
» pères m'avaient laissé; ainsi, je
» ne travaillais pas pour moi : c'est
» pour vous que je sentais une am-
» bition insatiable. Je suis parvenu à
» la satisfaire, et vous êtes aujourd'hui
» l'homme le plus riche qu'il y ait
» en France. J'ai joué sur la banque,
» sur les billets d'État, sur les ac-
» tions de la compagnie des Indes,
» et j'ai gagné sur tout. Mais il me
» fallait faire des avances considé-
» rables; et pour vous enrichir, je
» me suis dépouillé; j'ai vendu tou-
» tes mes terres, afin d'être à por-

» tée de disposer de fonds immenses :
» grâce à moi vous avez des mil-
» lions. »

Il répéta plusieurs fois des *millions*, avec des yeux dévorans ; et ses mains s'ouvraient, comme pour saisir ces richesses. « Je vous les assu-
» rerai tous, continua-t-il; j'ignore
» si j'en dois espérer beaucoup de
» reconnaissance : je sais moi, que
» je vous aimais, que je n'ai agi que
» pour vous ; je n'en demande pas
» davantage. »

A ces derniers mots, monsieur de Fargy, déjà trop ébranlé par l'excès de sa joie, n'eut plus la force de nous cacher son attendrissement. Mon fils y fut sensible, vint à lui, le remercia d'abord de la part qu'il avait eue dans sa résolution, mais lui dit : « Je vous avoue que cette » fortune, acquise si promptement, » me répugne. Mon père, je vous en » supplie, conservons noblement le » bien de nos ancêtres; il vous a suffi, » je dois m'en contenter. »

« Pauvre esprit ! » s'écria monsieur de Fargy, « aurais-tu donc la » simplicité de ne vouloir augmenter ta fortune, que par une lente et » misérable économie? Crois-moi, » laisse là cette vertu bourgeoise du » temps passé, dont personne ne » veut plus aujourd'hui. Ouvre tes » grands yeux; contemple ce génie » surnaturel, que la providence vient » de nous envoyer du fond de l'Écosse, pour le salut de la France. » Vois comme il a trouvé le secret » de payer cette immense dette,

» contractée dans les dernières guer-
» res, et d'enrichir en même temps
» tout le monde. Admire comme il
» a su redonner de la vie à tout!
» comme chacun s'agite! comme les
» plus brillantes espérances se sont
» emparées de toutes les ames! Moi,
» par exemple, j'ai déjà fait des
» gains inouis, des gains qui passent
» toute croyance, sur ces vieux chif-
» fons décriés de billets, et de pa-
» piers de toute espèce que nous
» avait laissés le dernier règne. Hé
» bien, ce n'est rien encore, auprès
» de la fortune que je fais en ce mo-
» ment, et surtout de celle que j'ai
» la certitude de faire. Aussi, je
» dépense plus, en un jour, que tes
» pénibles privations ne te vau-
» braient en dix ans. Tâche donc

» de comprendre que, dans cette » roue qui ne s'arrête point, les » trésors de l'État passent de main » en main, et finissent par rester aux » plus habiles. » — « Ah! mon père, » dussiez-vous continuer à mépriser » ma froide raison, je vous en con- » jure, je vous le demande à genoux ; » renoncez à des spéculations si ha- » sardeuses; elles vous inquiètent; » elles changent votre humeur, votre » caractère, et font que je ne vous » approchais plus qu'en tremblant. » Ma mère m'en est témoin : en ap- » prenant que vos biens étaient ven- » dus, car nous le savions, je me » résignais à mon sort; nous atten- » dions la pauvreté, sans nous plain- » dre. Est-il possible, » ajouta-t-il d'une voix plus émue, « que le mal-

» heur sache se conformer à sa des-
» tinée, s'arranger à sa situation, et
» que le bonheur ne puisse pas s'ar-
» rêter; que jamais un heureux n'ait
» dit : *c'est assez!* »

Mon fils paraissait désespéré. Son père haussa les épaules; et, se tournant vers moi, il me dit : « Voilà,
» Madame, un écrin digne d'une
» reine; j'aurai du plaisir à vous le
» voir porter. » — « Je connais ma
» mère, repartit mon fils; jamais,
» dans ce temps de calamité, elle ne
» mettra cette parure. »

Il eut tort sans doute de paraître adresser un reproche à son père; mais son sentiment l'emporta. « De
» quel droit, s'écria monsieur de
» Fargy, osez-vous me juger? osez-
» vous décider des actions de votre

» mère, et répondre pour elle ? » — Ne se possédant plus, il lui ordonna de sortir, et de ne jamais reparaître devant lui. — Son fils se jeta à ses pieds : « Je me reconnais coupable, » lui dit-il, puisque je vous ai offensé. » Pardonnez-moi, et daignez sup- » porter ma présence; car, si le mal- » heur vient, il ne vous restera peut- » être que ma mère et moi. »

La soumission de mon fils calma un peu l'emportement de son père. Cependant, il détourna les yeux comme s'il eût craint de le voir, et me demanda d'une voix terrible : « Acceptez-vous cet écrin, Ma- » dame? » — « Oui, répondis-je toute » tremblante; mais vous serez tou- » jours maître de le reprendre! » — Mon fils me jeta un regard qui prouvait combien il blâmait ma faiblesse. Hélas ! il ne s'apercevait point que c'était pour ne pas achever d'irriter son père contre lui, que j'avais cette condescendance.

Monsieur de Fargy se leva en lui disant : « Vous êtes un ingrat; je venais ici charmé, transporté du » bonheur que je pouvais vous offrir; » vous avez détruit toute ma joie. Je » n'ai trouvé qu'une froide vertu » qui met son orgueil à me blesser, » et ne me console jamais. » — Il s'en alla; son fils le suivit : sans doute il ne crut point devoir quitter son père, le sachant mécontent; mais je frémissais des suites qui résulteraient peut-être de leur entretien. Je sentais qu'un mot, un regard pouvait les brouiller à ne plus se revoir.

Pourtant, je redoutais encore plus l'extrême sévérité de mon fils, que les défauts de son père ; car la bonté d'un père se retrouve toujours. — Lequel me reviendra le premier, demandais-je au ciel ! Sera-ce monsieur de Fargy pour m'accabler de reproches, ou mon fils pour essuyer mes larmes ?

Mon fils rentra un peu avant le dîner ; il m'apprit qu'en accompagnant son père, il l'avait de nouveau supplié de renoncer à ces funestes espérances : « Mon père marchait » très-vite, continua-t-il, et je voyais » que, non-seulement, il ne voulait » pas m'écouter, mais qu'il cherchait » à ne pas m'entendre. Il affectait de » détourner sa tête, pour ne pas ren- » contrer mes regards ; et il pressait

» tellement ses pas, qu'il était diffi-
» cile que ma voix arrivât jusqu'à lui.

» A mesure que nous avancions,
» nous trouvâmes une si grande mul-
» titude rassemblée, qu'à peine pou-
» vait-on passer. Mon père me dit,
» d'un ton moqueur, et en respirant
» comme s'il allait être délivré de
» mes réflexions : Nous voilà donc
» enfin arrivés à ce bienheureux hô-
» tel de Soissons, où la compagnie
» des Indes distribue les trésors du
» Mississipi ! Veux-tu venir avec
» moi dans cet antre d'enfer ? cela
» t'inspirera un beau chapitre de
» morale. — Je ne pus m'empêcher
» de reculer quelques pas, tant cette
» proposition m'indignait. — Eh
» bien! reprit mon père, va-t-en
» sur-le-champ; car ta triste figure

» me porterait malheur. — Il tra- » versa la foule : avec quel chagrin » je vis qu'il était connu de tout ce » monde! Quelques-uns se rangeaient » pour lui faire place, en lui ôtant » leur chapeau, comme à un homme » dont les entreprises hardies leur » inspiraient du respect; et il leur » souriait avec complaisance.

» Imaginez, ma mère, *huit cents* » petites barraques, construites dans » le jardin de cet hôtel, et un ra- » mas de gens se précipitant dans » ces loges, et en sortant avec des » papiers, des bijoux, des diamans, » des marchandises, du linge, des » hardes; tous la tête perdue entre » la richesse et la ruine : des grands » seigneurs heurtés par leurs la- » quais; des gens de robe, des gens

» de finance, des marchands, des » ouvriers, des femmes du peuple, » l'esprit frappé de biens imagi- » naires, l'ame accablée par des » pertes récentes; tous effrayés, pal- » pitans, occupés avec avidité de » ventes, d'achats, d'affaires com- » munes qui les égalisaient tous.... » Ah! croyez-moi, ma mère, nous » n'avons plus d'espoir; il n'y a que » le temps et le malheur qui puis- » sent retirer mon père de l'abîme » où il s'est plongé. »

A l'heure du dîner, les amis de monsieur de Fargy arrivèrent avec empressement : les uns étaient invités, d'autres avaient le droit de venir quand cela leur convenait. Il parut fort tard : « Eh! viens donc, s'écria » monsieur de Nocé en riant aux

» éclats ; accours, que nous te félici-
» tions ; car on prétend que tu as
» fait des gains fabuleux ! » — Monsieur de Fargy reçut ces complimens, en homme qui croyait avoir eu plus d'esprit qu'eux. Il leur expliquait les profondes combinaisons du système de Law. Il offrait aux uns ses conseils pour entrer dans les affaires ; il proposait aux autres de leur avancer des fonds : « Je ne rêve plus
» qu'argent, leur dit-il ; je vois d'a-
» vance à quoi je pourrai employer
» mes trésors, et je crois déjà les
» posséder. » Dans son extrême satisfaction, il me regarda en ajoutant : « Je songe aussi aux bonnes œuvres
» que je me sens capable de faire ;
» mais celles-là, ce n'est pas absolu-
» ment la même chose que si elles

» étaient faites. Ne le pensez-vous » pas, Madame ?..... Enfin, conti- » nua-t-il, je ne vis que d'émotions, » et je sens à présent que les joueurs, » comme les médecins, sont des mar- » chands d'espérance qu'on n'estime » pas assez. Si ma fortune continue, » je leur ferai ériger des statues en » place publique. » — Le dîner se passa sur ce ton, et dans une ivresse de gaieté que mon fils et moi nous étions loin de partager.

En rentrant dans le salon, monsieur de Fargy me pria de faire voir à ses amis l'écrin qu'il m'avait donné. Je l'avais laissé, sans y toucher, à la place où il l'avait posé. Hélas ! j'avais eu une sorte de plaisir à montrer à mon fils, par cette indifférence, le vrai motif qui me l'avait fait accepter.

Monsieur de Fargy l'ouvrit, et y retrouva un petit billet qu'il y avait mis; il le prit et me dit tout bas : « J'aperçois, Madame, que vous » n'avez pas daigné honorer d'un re- » gard cet hommage qui avait réjoui » mon cœur. Je m'en félicite; car » me voilà quitte d'une promesse » que ce billet renfermait. C'est une » preuve entre mille, qui apprendra à » mon fils que l'excès du rigorisme » a ses inconvéniens. »

Que je regrettai de n'avoir pas lu ce billet! Monsieur de Fargy ne manqua pas de répéter plusieurs fois, en me regardant : « J'avais pris un sot » engagement dont me voilà déli-

» vré. » A neuf heures il s'en alla comme de coutume.

Le jour d'après, il me fit dire, fort tard, de ne pas l'attendre pour dîner, et il resta la nuit dehors. Le lendemain, il fut encore absent, ne revint pas à l'heure accoutumée, mais ne songea même pas à m'en prévenir. Mon fils et moi nous fûmes tout ce temps dans la plus cruelle anxiété. Nos craintes augmentaient en nous parlant, et notre silence nous causait peut-être encore plus d'inquiétude.

Près d'une semaine se passa ainsi : nous n'osions demander à personne ce que monsieur de Fargy était devenu, de peur d'apprendre aux autres que nous ne le savions pas. Enfin, un soir à dix heures, pendant que j'étais seule avec mon fils, et que nous étions tous deux abîmés dans nos réflexions, monsieur de Fargy entra. Ses vêtemens étaient en désordre, ses traits étaient bouleversés, et il n'avait réellement pas figure humaine. Je le considérais avec terreur; sûrement il s'en aperçut: « Qu'est-ce que j'ai d'extraordinaire? » me demanda-t-il; vos yeux ont » toujours l'air d'annoncer un évé- » nement sinistre? » — Il se promena dans ma chambre, s'arrêtait près des meubles, les observait avec des yeux fixes, et je suis sûre qu'il ne les voyait pas.

Tout-à-coup il se retourna vivement, et s'adressant à son fils, il lui dit: « Soyez content, Monsieur; vos » infernales prévoyances sont plei- » nement vérifiées..... Mais vous

» avez eu raison ; cela console de » tout.... » En même temps il fit un éclat de rire affreux, et tous ses mouvemens étaient convulsifs.

Mon fils s'était levé à l'arrivée de son père ; il restait debout, immobile, sans prononcer un seul mot. — « Au surplus, reprit monsieur de » Fargy, ce n'est qu'une mauvaise » spéculation que j'ai faite. Elle se ré» parera dans peu... » Il déroula un papier qu'il tenait à sa main, le referma bien vite, comme s'il eût voulu nous le cacher, et recommença à se promener, car il ne pouvait demeurer en place. Un moment, il chanta de toute sa force, et cessa aussitôt ; sa voix sembla l'avoir étonné ; il parut même chercher d'où venaient les sons qui l'avaient surpris. Ses yeux hagards erraient autour de lui ; il les portait sur nous avec défiance, et les plus funestes craintes venaient m'assaillir.

Il parut hésiter un instant ; puis il dit à son fils : « Ne pourrai-je, » Monsieur, parler à votre mère, » sans que vous soyez toujours là à » m'épier ? » Il s'avança vers lui, mais s'éloigna en disant : « Sa figure » me fait mal ; je ne puis la suppor- » ter. » — Il se détourna, pour aller se regarder dans une glace, et apercevant encore les traits de son fils qui était derrière lui, il ferma les yeux et s'écria : « Je le verrai donc sans » cesse !... Il m'obsédera donc tou- » jours !..... Mes yeux sont fermés, » je ne vois rien, et je sens qu'il » est là, qu'il m'examine !... Je

» l'aimais tant !... Je mettais en lui
» mon orgueil, mon bonheur, et
» il sera le premier à me condam-
» ner !... » Il se mit à fuir, comme s'il eût voulu se dérober à quelqu'un qui le poursuivait.

Il alla s'asseoir dans le coin de la chambre le plus obscur. A peine assis, il se levait, faisait quelques pas, revenait à cette même place, se parlait à lui-même, et il lui échappa de dire : « Hier, une fortune colos-
» sale; aujourd'hui, rien..., absolu-
» ment rien!... » Aussitôt, il nous regarda avec inquiétude, et semblait craindre d'avoir été entendu. Il passa la main sur son front, se plaignit de la chaleur, puis, s'adressant à moi, il me dit : « Renvoyez donc
» ce jeune homme ; j'ai à vous par-

» ler. » Sans attendre ma réponse, il ajouta : « Si elle y consentait, tout » peut se réparer, et demain nous » serions plus riches que jamais. » A cette pensée il eut l'air de se réjouir, et se rapprocha vivement de moi. « Ma femme, mon amie, ma » chère amie, me dit-il, on m'a » trompé, friponné; on m'a extor» qué des engagemens auxquels je » ne songeais pas; mais j'y ai sous» crit, c'est assez. Pour m'accorder » du temps, on me demande que » vous les cautionniez. Je me flatte » que vous ne vous y refuserez pas. » Moi! manquer à ma parole! » s'écria-t-il. — A ces mots un sentiment d'effroi s'empara de lui; on voyait qu'il se faisait horreur à lui-même... Il s'éloigna encore en disant : « Ma mort..., leur ruine..., ils » doivent tout sacrifier, plutôt que » de me laisser manquer à mes » promesses... ; et puisqu'elle peut » me sauver, elle le doit. » Son visage devint menaçant, et il riait encore de ce rire terrible.

« Si vous vouliez voyager avec » votre fils, lui répondis-je, et que » vous me permissiez de me mettre » à la tête de vos affaires, je me » chargerais de les arranger. » — « Ah ! voilà leurs prétentions dé- » couvertes ! reprit-il ; si je ne me » défends pas, ils iront jusqu'à m'in- » terdire... ; ils disposeront de ma » personne, de mes biens ! Je les re- » connais. Non, non, Madame, » vous signerez sans condition, s'il » vous plaît ; vous signerez, parce

» que je le veux, parce que je suis » votre maître, et que cela me con» vient ! » — Ses bras étaient étendus vers moi, comme s'il allait me saisir ; il me regardait avec des yeux étincelans. J'eus pourtant la force de répondre : « Je ne signerai rien. » — « Vous me refusez ! » s'écria-t-il. — « Je le dois, » repris-je toute tremblante. — « Vous me ruinez ; vous » me déshonorez ; j'aurais regagné » tout ce que j'avais perdu !... » — Sa tête s'égara tout-à-fait ; j'étais frappée de terreur, son fils paraissait plus mort que vif ; enfin, monsieur de Fargy était fou, et d'une folie furieuse. Si je n'en ai pas été la victime, c'est qu'il tenait à l'idée fixe d'obtenir cette signature qu'il voulait avoir.

Il tournait de tous côtés, pour

trouver une écritoire qui était sur ma table, et qu'heureusement il n'aperçut pas. Il s'efforça d'ouvrir mon secrétaire avec une clef qu'il avait sur lui, et qui n'y allait point.

Lassé de ses vains efforts, il se précipita vers moi; alors mon fils, épouvanté, sonna avec tant de violence que plusieurs de mes gens entrèrent à la fois. Il fallut se jeter sur monsieur de Fargy pour le contenir. Quand il se vit en la puissance de ses domestiques, quand il cessa d'être obéi, sa fureur devint telle, que je n'ose pas me la retracer. Mon fils tomba sans connaissance à ses pieds; je me jetai à genoux, les mains élevées vers le ciel. J'espérais en Dieu qui nous voyait.

Mon fils revint à lui aux cris que

poussait son père. Il fallait le tenir de force, car l'accès ne faisait qu'augmenter. J'envoyai chercher Chirac, son médecin, et qui était aussi notre ami. Du premier coup-d'œil, il jugea notre position, et eut de la tête pour nous tous.

Monsieur de Fargy ne cessait de m'accuser, de me maudire. Chirac commença par flatter sa passion dominante. « Vous voulez une signa-
» ture, lui dit-il; hé bien, si cette
» femme barbare vous la refuse,
» vous aurez la mienne. Je vous
» promets celle de tous vos amis; et
» demain vous serez plus riche que
» vous n'avez jamais été. » — Chirac fit un signe à mon fils, et ajouta :
« Vous devez d'abord renvoyer Ma-
» dame, qui est très-coupable d'a-

» voir résisté à la volonté de son » mari. »

On m'éloigna de cette chambre ; je ne puis peindre dans quel état je restais en dehors, écoutant ce qui s'y passait. Hélas! je n'étais pas loin de me croire aussi coupable que Chirac l'avait dit. Mais comment aurais-je pu me résoudre à signer la ruine entière de mon fils et à ôter à son père sa dernière ressource ?

Mon fils, pénétrant l'intention de Chirac, s'approcha de son père, et l'assura que le lendemain on me forcerait bien de céder à ses désirs. — Cette espérance calma la fureur de monsieur de Fargy. Quand Chirac le vit un peu plus tranquille, il vint me trouver, et me dit : « Il faut ab- » solument l'éloigner d'ici, car ce

» n'est peut-être qu'un accident passager; et il est bon d'en dérober » la connaissance au public. Faites » mettre des chevaux à une berline; » nous allons le conduire chez vous, » à Saint-Maur; seulement tâchez » qu'on se dépêche, et qu'on nous » mène très-vite. » — Je demandai, si en chemin il n'y aurait pas de danger pour lui-même, pour monsieur de Fargy? — « Non, non, » reprit-il, et puis nous serons plusieurs; donnez seulement vos ordres, et profitons de ce moment » de relâche. »

Chirac retourna près de lui, et ne cessa point d'entrer dans ses idées; il avait bien vu, qu'en lui disant du mal de moi, il le gouvernerait comme un enfant. Dès que la voiture fut prête il lui dit : « Il faut » nous en aller d'ici ; lorsque ma- » dame votre femme verra que vous » l'abandonnez, elle s'empressera » bien de venir vous chercher. Nous » aurons d'elle, alors, tout ce que » nous voudrons. »

Soit qu'il eût un moment lucide, soit par un instinct naturel, monsieur de Fargy répugnait à sortir de chez lui. Il s'y refusa : « J'ai des » comptes à régler demain matin, » ajouta-t-il. » — « Bel embarras ! » repartit Chirac; c'est chez moi » que je vous conduirai. Ma petite » retraite n'est qu'à Vincennes; c'est » à deux pas d'ici : vous serez à Paris » à la pointe du jour, si vous le dé- » sirez. Mais il faut, avant tout, » persuader à madame de Fargy que

» vous ne voulez plus la voir. »

C'était en continuant à m'accuser que l'on parvenait à le subjuguer. J'entendais tout ce qu'ils disaient contre moi; moi! qui, prosternée à cette porte, priais pour lui, moi qui aurais donné ma vie, pour lui rendre sa raison et le revoir heureux!

Mon fils était rentré en grâce, du moment qu'il avait imité le médecin. Il ne voulut pas quitter son père, et monta avec lui en voiture. Chirac les accompagna, et fit placer avec eux deux forts valets de chambre, en cas d'accident. Je les regardai s'en aller, et mon cœur était brisé. Je retombai encore à genoux, invoquant le ciel qui me restait seul, dans une si horrible infortune.

Cependant, le mot que Chirac

m'avait dit sur la nécessité de tenir ce malheur secret, m'avait frappée. Je fis appeler tous mes gens. Ils m'aimaient, car c'était moi qu'ils priaient toujours de cacher leurs fautes à monsieur de Fargy, ou d'en obtenir le pardon. Je leur appris ce que je savais bien qui serait public le lendemain. Je leur dis que monsieur de Fargy avait perdu une somme si considérable, que le chagrin lui avait causé une fièvre inflammatoire, et qu'on lui avait persuadé d'aller à la campagne, pour se soustraire à ses créanciers, jusqu'à ce qu'on vît un peu plus clair dans ses affaires. Ils me crurent d'autant plus facilement, qu'ils prirent sa fureur pour un accès de colère; et ceux qui l'avaient approché de plus près, et qui en avaient pu mieux juger, étaient partis avec lui.

Dès que je me fus assurée de leur discrétion, je montai en voiture, espérant rejoindre celle de monsieur de Fargy. Ils avaient trop d'avance sur moi; je n'arrivai à Saint-Maur qu'après eux. Chirac, en me voyant, gronda, me demanda ce que je venais faire, et m'empêcha d'entrer chez monsieur de Fargy.

Mon fils accourut se jeter dans mes bras : « Ah! ma mère, me dit-» il, quelle scène, quand mon père » a reconnu qu'on l'avait amené chez » lui! On n'a pu le calmer, qu'en » vous accusant d'en avoir donné » l'ordre à notre insu. Il a repris » toute sa tendresse pour moi; mais » il parle sans cesse, dit mille cho-

» ses incohérentes, et ne veut pas
» me perdre de vue. Nous trem-
» blons, lorsque demain on lui re-
» fusera la liberté de sortir. De
» grâce, ma mère, éloignez-vous
» avant cet instant : sa vie, la mien-
» ne, peuvent être compromises,
» mais, certainement, la vôtre ne
» serait pas en sûreté, s'il vous aper-
» cevait. » — Je promis de me cacher; mais je ne voulus pas l'abandonner.

La crise qu'on avait prévue arriva. Lorsque monsieur de Fargy se vit retenu de force, il voulut savoir par quelle autorité? — Chirac, ayant trouvé un moyen de le maîtriser, prit l'air de la confiance pour lui dire que, désespérée de la perte de sa fortune, j'avais obtenu une lettre-de-cachet qui le retenait dans cette maison. « Elle m'aura fait passer pour fou, » s'écria monsieur de Fargy ; elle en » est capable !.... » Puis, s'arrêtant comme frappé de terreur, il dit à Chirac : « N'ai-je pas eu un moment » de trouble dont elle aura abusé ? » Oh ! alors avouez-le moi, car je » veux mourir. »

On chassa bien loin cette idée, et l'on parvint encore à le calmer, toujours en lui disant du mal de moi. Malheureusement, lorsque je consentis à m'éloigner, il m'aperçut dans la cour : « La voilà ! la voilà ! s'é- » cria-t-il ; qu'on arrête cette mé- » gère, cette fausse dévote, cette » hypocrite ! » Si on ne l'avait pas retenu, il sautait par la fenêtre pour me saisir. « Vous voyez le mal que

» vous lui faites, me dit Chirac; re-
» tournez à Paris, arrangez ses affai-
» res, et sauvez ce qui peut rester
» à votre fils : nous aurons soin de
» son malheureux père, pendant
» votre absence. Mais soyez cer-
» taine que votre vue rendrait son
» mal incurable. » — A ces mots je me résignai : en m'en allant, ses cris me poursuivirent; il m'accablait de menaces et d'imprécations.

Le jour suivant, mon fils me manda que son père ne quittait plus cette fenêtre par où il m'avait vue partir; qu'on n'avait pu le déterminer à se coucher, qu'en lui apportant les clefs de la grille, afin qu'il me fût impossible de rentrer sans sa permission, et qu'à la pointe du jour, il avait couru se remettre à la fenêtre,

les yeux fixés sur l'avenue. Il ajouta qu'il n'y avait d'espoir de le guérir, qu'en m'effaçant de sa pensée; et qu'il était forcé de m'avouer que je devais me résoudre à ne plus reparaître. Mon fils me déclara, en même temps, qu'il se déterminait à ne pas quitter son père. « Je veux, m'écri-
» vait-il, m'assurer des soins qu'on
» a de lui, le veiller, et lui don-
» ner toutes les consolations dont il
» peut encore jouir. »

A mon retour à Paris, on me dit que beaucoup de gens inconnus étaient venus demander monsieur de Fargy. J'ordonnai qu'on me fît parler à tous; je leur promis de les satisfaire, et aucun d'eux ne se plaignant, très-peu de personnes connurent notre situation.

Chirac était premier médecin de monsieur le duc d'Orléans, et ce prince le traitait avec confiance et bonté. Il lui fut donc facile de persuader à monsieur de Fargy, qu'il voulait éclairer la justice du régent, pour en obtenir sa liberté ; mais qu'il fallait le faire juge de mes procédés. Sous le prétexte de signer un mémoire contre moi, il obtint de monsieur de Fargy une procuration qui me permît d'arranger ses affaires. Elles n'étaient pas aussi désespérées qu'il l'avait cru. Il est vraisemblable que sa tête avait commencé à s'égarer, lorsqu'il avait vu s'évanouir tous ces millions qu'il croyait posséder.

Les diamans de ma mère m'avaient été remis à mon mariage : je les vendis ; ils me valurent une somme considérable, qui me servit à apaiser d'abord les créanciers, en leur donnant à tous des à-compte. L'argent était si rare alors qu'on le recevait comme un bienfait. Pour liquider le reste des dettes, j'engageai une partie de mes revenus, dont je consentis volontiers à être privée pendant quelques années.

Dans les premiers jours, les prétendus amis de monsieur de Fargy se présentèrent à ma porte; n'ayant pas été reçus, ils nous oublièrent. Grâce à la bienveillance du régent que Chirac avait prévenu, il se répandit dans le monde que monsieur de Fargy avait fait de mauvaises spéculations; qu'après s'être tant vanté de ses succès, il était honteux de s'être trompé, et qu'il voyageait avec son fils. Le régent se moqua de ses hautes combinaisons, le reste en fit des plaisanteries, et pas un d'eux ne se douta qu'elles eussent eu des suites si déplorables.

J'avais tous les jours des nouvelles de monsieur de Fargy. J'ignorais que le médecin et mon fils s'entendaient pour me tromper : je continuai donc à me flatter que cet égarement cesserait bientôt. Dans chaque lettre, ils persistaient à me prier de ne point venir, et me répétaient que ma vue seule détruirait ce qu'ils avaient gagné sur son esprit. J'étais d'autant plus tranquille, que Chirac lui était profondément attaché. Il lui avait eu de grandes obligations; et j'étais bien sûre qu'il lui consacrerait et son temps et ses soins.

Cependant, au bout d'un mois, je voulus retourner près de mon fils; je ne pouvais plus me passer de le voir, il en coûtait trop à mon cœur. Une puissance irrésistible m'appelait vers lui : il m'apparaissait dans mon sommeil; je m'éveillais en sursaut; et, si j'avais écouté le pressentiment qui me tourmentait, je serais partie à l'instant.

Un jour Chirac passa chez moi. Je lui annonçai ma résolution d'arriver la nuit chez monsieur de Fargy, de rester sur le chemin s'il était nécessaire, mais d'y attendre mon fils; je lui dis qu'il me fallait absolument le revoir, quand je ne devrais que le regarder passer. — « Il y a long-» temps que je le désire, me répon-» dit-il, et que je n'ose vous le de-

» mander ; car votre fils s'y est oppo-
» sé. » — « Eh ! repartis-je, si ma
» présence était utile, comment avez-
» vous pu écouter sa jeune tête ? »
— « Parce qu'au premier instant
» votre présence était nécessaire
» ici ; et, ajouta-t-il avec un soupir,
» parce que, nous autres gens rai-
» sonnables, nous pensons beau-
» coup trop à l'arrangement des af-
» faires. » — Je le blâmai vivement de ne m'être pas venu chercher. — « Pour quoi pensez-vous que
» je sois ici aujourd'hui ? » me ré-
pondit-il avec humeur. — Je lui avais reproché de ne m'avoir pas appelée ; et quand il m'eut dit qu'il était venu dans ce dessein, je fus saisie d'un effroi que je ne puis exprimer. Je pensai que mon fils était peut-être

malade; que peut-être il avait été blessé, en s'opposant aux violences de son père; j'appréhendais tout, et frémissais que Chirac ne s'expliquât.

« Votre fils, me dit-il, a des sentimens beaucoup trop exaltés; il » craint de ne jamais faire assez, s'il » ne fait pas trop. Quand nous som- » mes partis d'ici, vous n'étiez pas » avec nous pour régler sa conduite. » Il s'est cru chargé, par le ciel et » par vous, de veiller sur son père. » Je n'ai pu l'empêcher de s'enfermer » dans sa chambre : il y couche, n'y » dort sûrement pas, ne le quitte » point; il est obligé d'entendre sans » cesse des propos insensés, et d'y » répondre; il est le témoin de scènes » affreuses, et son ame est dans de » continuelles angoisses : si cela se

» prolonge, il n'y a pas de raison » humaine qui puisse y résister. »

Je tendis mes bras vers lui, en m'écriant : « Grand Dieu, qu'allez- » vous m'annoncer! » — « Rien de » fâcheux pour le moment, rien qui » ne puisse se prévenir; mais il est » nécessaire que vous rappelliez vo- » tre fils près de vous. Je venais vous » demander une lettre pour lui; je » la porterai ce soir, et vous le ra- » mènerai. » — « Une lettre! re- » pris-je, il n'y obéira pas. Ma voix » seule, mes prières, pourraient » quelque chose sur lui; puisque » vous devez y aller, partons en- » semble. »

Il y consentit, mais exigea que je me misse dans sa voiture, pour qu'on crût à Saint-Maur qu'il était seul comme à l'ordinaire. Il lui paraissait important que mon fils ne se mît point en garde contre mon arrivée, et ne prît aucune résolution avant de m'avoir revue.

En chemin, il m'apprit que monsieur de Fargy était toujours dans le même état, et que ses accès devenaient encore plus fréquens. « Hier, ajouta-» t-il, il a été plus forcené que ja-» mais. Son fils voulant le conte-» nir, lui parla avec autorité. Ce père, » en qui la conscience de ses droits » n'est pas éteinte, en fut indigné. » Tu me crois insensé! lui demanda-» t-il avec fureur. Puis tout-à-coup » il s'arrêta; et après l'avoir bien » regardé, il lui dit : Tu seras fou » comme moi! — J'étais présent, » continua Chirac : votre fils fut

» frappé de terreur. Son père s'en
» aperçut ; un esprit infernal l'inspi-
» rait sans doute; car cherchant à
» donner à sa voix un accent pro-
» phétique , il répéta : Tu seras fou
» comme moi. — Votre fils épou-
» vanté ne respirait plus ; je le pris
» dans mes bras , l'entraînai dans
» le jardin. Le grand air , mes soins
» le rendirent un peu à lui-même....
» mais il me dit : Le regard mena-
» çant de mon père semblait me
» fixer à la place où j'étais ; cette
» voix paternelle retentissait dans
» mon ame. J'ai cru l'entendre pro-
» noncer un anathême contre moi.
» Il m'a semblé qu'une volonté di-
» vine me séparait de la vie , et m'u-
» nissait au sort de mon père. Je
» l'avoue , s'écria votre fils , ma

» raison a été un moment ébran-
» lée.... — A ces mots, ajouta Chi-
» rac, je fus effrayé de son trouble:
» je voulus qu'il vînt vous retrouver;
» mais je ne pus l'obtenir : il re-
» tourna près de son père.

» Quand nous entrâmes dans la
» chambre de cet infortuné, il con-
» sidéra son fils avec des yeux fou-
» droyans, et renouvela la même
» imprécation. Quelquefois, il le
» conjurait de vous éviter, et répé-
» tait toujours ces mêmes funestes
» paroles; car il faut que vous sa-
» chiez, Madame, observa Chirac,
» que, dans ce cruel état, l'esprit
» est sans cesse occupé à calculer
» les moyens de nuire, de tourmen-
» ter, et de se venger ainsi de la
» contrainte qu'on éprouve..... Ne

» perdons pas un instant; arrachez
» votre fils à une situation qu'il ne
» peut supporter long-temps. »

J'écoutais Chirac, sans avoir la force de prononcer une parole. Je ne respirais plus, ne vivais pas, et cependant j'entendais tout ce qu'il me disait.

Lorsque nous arrivâmes, il me laissa dans la chambre qu'il occupait ordinairement, et alla chercher mon fils. Pendant son absence, j'invoquai le ciel, espérant que Dieu ne voudrait pas m'accabler, après m'avoir vue tant souffrir.

Chirac et mon fils entrèrent. « Vous
» m'aviez promis, ma mère, de ne
» pas venir ici, me dit-il tristement;
» pourquoi vous exposer à voir de
» si grands sujets d'affliction ? » —

» Mon enfant, repris-je, mon ami, » je ne pouvais plus me passer de » toi, exister loin de toi ! » Je pleurais... il s'attendrit, et je sentis ses larmes couler sur mon visage : « Pleu- » rez, pleurez ensemble ; cela vous » soulagera tous deux, » dit Chirac. — Je m'appuyais sur mon fils, pour qu'il ne s'éloignât pas de moi ; je l'entourais de mes bras pour le retenir. Sa figure si pâle, son extrême maigreur me causaient une douleur inexprimable. Je fermais les yeux, et reposais ma tête sur son cœur.

« Que vous êtes bonne, ma mère ! » me dit-il : oui, vous avez bien fait » de venir ; car voilà le premier ins- » tant de calme, la seule impres- » sion douce que j'aie éprouvée de- » puis le jour funeste..... » Et il regarda les fenêtres de son père. — Chirac, croyant le moment favorable, reprit trop tôt : « Il faut suivre madame votre mère. » — « Non, non, repartit mon fils ; ma mère a ses souvenirs, le ciel qui récompensera sa vertu, le monde qui l'estime et l'honore!.... Mon pauvre père n'a plus rien : sa raison, sa liberté, tout lui manque ; lui-même n'est plus à lui; je lui resterai. » — Alors redoutant une nouvelle imprudence de Chirac, je m'empressai de lui dire : « Laissez-moi revoir mon fils, sans y mêler d'autre pensée. » Je le serrais toujours dans mes bras, et ne pouvais m'en séparer.

Je sentis qu'il s'armait contre son émotion ; car il me demanda, avec douleur, mais comme si mon absence était indispensable : « Repartez-vous » tout de suite, ma mère? » — « Non. » — « Pourquoi? » — « Je » suis décidée à vivre dans cette » chambre; j'y attendrai les momens » qu'il te sera possible de me don- » ner. » — « Je ne dois pas y con- » sentir, répondit-il : ici vous pou- » vez entendre mon père; il peut » vous apercevoir! je vous conjure » de retourner à Paris. » — « Ja- » mais, tant que tu n'y viendras pas » avec moi. » — « Je vois, me dit- » il, que vous suivez les avis de » monsieur Chirac : dès hier, il m'a- » vait conseillé de fuir; mais le mal- » heur de mon père me lie à son » sort. Je me suis dévoué à lui; je » ne le quitterai point... Si vous vou-

» lez vous renfermer ici, ma mère, » vous ajouterez à mes peines qui » sont déjà bien grandes!... Cepen- » dant, je reconnais que je n'ai pas » le droit de vous en empêcher. » — En disant ces mots, il sortit; je ne le revis plus de la soirée.

Chirac resta avec moi; je lui reprochai de s'être trop pressé. Il en convint; mais sa franchise ne lui permettait pas de retarder ce qu'il croyait utile; d'ailleurs, il n'y a qu'une mère qui devine les ménagemens, les détours, qu'elle doit prendre pour se faire écouter.

Il se promenait en silence; il semblait craindre de me parler; ses yeux se portaient sur moi, avec une expression de pitié qui ajoutait à mon effroi. Après avoir hésité long-temps,

il me dit : « Je suis obligé d'être
» demain de fort bonne heure chez
» le régent, mais je reviendrai le
» soir; comptez sur moi, Madame.»
Et il s'en alla.

Ma chambre était dans un pavillon, en face de celui que monsieur de Fargy occupait. Dès qu'il fut jour, je me mis à ma fenêtre, cachée derrière les jalousies; il vint à la *sienne*; mon fils était près de lui. J'observais tous leurs mouvemens, mais je ne pouvais entendre leurs paroles. Mon fils me parut encore plus pâle que la veille. Je remarquai qu'il regardait sans cesse du côté où j'étais; sa profonde tristesse me pénétrait de douleur. Sans doute involontairement, il me fit un léger signe de tête; son père s'en aperçut, il se retourna, lui parla avec véhémence, commença à s'agiter; aussitôt deux gardiens s'approchèrent de lui; je fermai les yeux, et j'allai me cacher au fond de ma chambre.

La concierge de la maison entra pour me servir. Que ne me dit-elle pas du dévouement de mon fils, de cette piété filiale si ardente, si courageuse, dont elle était chaque jour le témoin! Je lui demandai quelles étaient les heures où il quittait son père? « Le matin quand on l'habille, me répondit-elle; mais ce n'est » qu'un moment. Le soir, lorsqu'on » le couche, il reste beaucoup plus » long-temps, et se promène quelquefois bien avant dans la nuit. » —Je pensai que s'il persistait à ne pas venir me voir, j'irais l'attendre dans le parc; mais aussitôt je réfléchis que, pour éviter mes représentations, mes instances, il pourrait se priver de cet unique soulagement, et je me décidai à ne pas le troubler.

Monsieur de Fargy se retira dans sa chambre, après avoir fermé ses fenêtres avec fracas. « Oh! » me dit tristement la concierge, « *il ne fait* » pas d'autre manége; il les ouvre, » il les ferme; il gronde, il crie, il » tempête. S'il passe quelqu'un, il » l'injurie; s'il ne voit personne, il » appelle, et monsieur votre fils a » seul le pouvoir de l'adoucir. »

Il n'était que sept heures; le moment où mon fils quittait son père était encore éloigné. Je voulus aller à l'église qui était près de chez moi; mais pour éviter de passer sous les fenêtres de monsieur de Fargy, j'engageai cette femme à m'y conduire par un chemin détourné, afin qu'il ne pût pas me voir. J'étais obligée de vivre ignorée dans ma propre maison.

Dans une chapelle était la tombe de ma famille. Je la regardai en soupirant. Je me mis à genoux; mais j'étais trop malheureuse, je ne savais plus prier; je ne trouvais plus dans ma mémoire les prières prescrites par l'Église; je restais là, disant: « Mon Dieu, veillez sur mon fils! » ayez pitié de lui! » Je pleurais, et recommençais mon humble et fervente invocation.

Je retournai chez moi à l'heure où cette femme m'avait dit qu'il quittait son père. Je l'attendis vainement:

mon cœur battait avec violence. Ce jour-là il ne vint pas..... Quand l'instant où il sortait pour l'ordinaire fut passé, il se montra seul à la fenêtre ; je sentis que c'était pour me rassurer, et m'empêcher de craindre qu'il ne fût malade.

Dans l'après-midi, je retournai encore à l'église. Quelquefois, assise, abîmée dans mes pensées, je ne songeais qu'à mon fils, et j'oubliais le ciel même. Plus souvent, prosternée contre terre, je priais pour lui. J'allai bien des fois à cette chapelle, dans ce long et terrible jour.

Chirac arriva comme il l'avait promis. Il voulut savoir ce que j'avais obtenu de mon fils ? « Je *ne* l'ai pas » vu, » répondis-je, me reprochant de lui faire ce tort dans l'esprit de cet excellent homme. « Je vais le cher-» cher, » reprit-il ; et, sans pouvoir me dissimuler son mécontentement, il ajouta : « Nous verrons s'il persis-» tera dans cette conduite impar-» donnable. » Ses paroles me firent trembler; je le suppliai de ne point affliger mon fils ; il me quitta sans m'écouter.

Il me sembla qu'il fut un siècle absent; je me le figurais, obtenant avec peine que mon fils m'accordât une minute, une seconde ; enfin Chirac reparut et me dit : « Il va venir.... il » s'était persuadé que, s'il ne vous » voyait point, vous vous détermi-» neriez peut-être à retourner à Pa-» ris. Je lui ai signifié que votre » parti était pris, et que rien ne » pouvait le changer. Je lui ai de-

» mandé, s'il ne croyait pas avoir
» aussi des devoirs à remplir envers
» vous ?... Ah! s'est-il écrié, que
» de fois, durant tout ce jour, mon
» cœur m'a porté vers elle !... Mais
» je ne me suis pas senti la force de
» supporter ses souffrances, et j'ai
» trop craint de lui montrer les
» miennes.... J'ai repris : Elle vous
» attend.... Il a soupiré, et m'a ré-
» pondu : J'irai.... J'espère donc
» que, dorénavant, vous le verrez
» tous les jours. Mais, Madame,
» ajouta-t-il,souvenez-vous bien que
» la vie de monsieur votre fils est en
» péril; je n'ose même porter vos
» craintes plus loin. »

Mon fils entra : je ne me permis aucune plainte ; je me jetai dans ses bras, je le voyais, c'était assez pour

moi. Chirac nous regardait, et partageait nos peines; mais il se roidissait contre sa pitié. Dans sa brusquerie, il dit, en s'adressant à mon fils d'un air grave : « Monsieur, je vous dé-
» clare, sur mon honneur, que votre
» présence ici nuit à monsieur votre
» père, et qu'elle peut vous être fu-
» neste à vous-même; voilà mon avis,
» vous ferez à présent ce que vous
» voudrez. » — « J'ai deviné vos
» inquiétudes, reprit mon fils;
» croyez-moi, elles ne sont pas fon-
» dées : rassurez-vous; ma vie est
» plutôt prête à s'éteindre que ma
» raison. » — Je tendis vers lui mes mains suppliantes. « O mon enfant!
» m'écriai-je, ô mon unique bien!
» que deviendrais-je si je vous per-
» dais! » — Il me pressa contre son

cœur, en disant : « Ma dernière heure » sera pour vous. » Et il m'échappa.

Je suppliai Chirac de le suivre. Bientôt ils entrèrent dans la chambre de monsieur de Fargy. Chirac entraîna mon fils vers la fenêtre, afin que du moins je pusse le voir. Toute mon ame était appliquée à les examiner : je cherchais à deviner ce qu'ils pouvaient se dire ; je remarquai que Chirac lui parlait très-vivement. J'ai su depuis que monsieur de Fargy, ayant compris qu'il sollicitait mon fils de s'éloigner, était accouru sur eux, dans un accès plus violent qu'il n'en avait jamais eu. J'entendais ses cris ; il suppliait son fils de ne pas l'abandonner. Son désespoir, sa douleur, engagèrent mon fils plus que jamais dans son pieux dévouement; il lui promit de ne pas le quitter.

Le soir il vint chez moi. Ses forces étaient épuisées, mais son ame conservait toute sa fermeté, toute sa puissance. « Plus de lutte entre nous, » dit-il à Chirac et à moi. C'est mon » père; si vous le saviez exposé à » un danger, et que vous vissiez vo- » tre fils hésiter à braver la mort » pour lui, que diriez-vous, ma » mère? Que sont devenus ces sen- » timens généreux, cette abnégation » de soi-même dont vous m'entrete- » niez dès mon plus jeune âge? Si » mon père ne me reconnaissait plus; » s'il ne m'appelait pas sans cesse, » je pourrais consentir à être moins » assidu près de lui. Mais je le con- » sole, le soutiens; je suis son seul

» appui, son dernier bonheur; et je » l'abandonnerais pour songer à moi! » vous ne le voudriez pas.... C'est » mon père... Je serai vraiment son » fils! » Et il s'en alla sans attendre de réponse.

Quand il fut parti, Chirac s'approcha de moi, en disant : « Pauvre » mère, que je vous plains!... » — Les larmes me suffoquaient. — « Je » n'ai plus d'espoir, me dit-il; sa » résolution est prise, son sacrifice » est fait; sa vertu ne cèdera point. » Il y succombera; et il faut, devant » nous, à nos yeux, lui laisser subir » son sort !... » — Je crus entendre prononcer l'arrêt de mon fils, et je mourais moi-même. Je suppliais Chirac de le secourir, lui qui avait toujours été pour nous un si fidèle ami. — « Eh! que puis-je faire pour » vous tous? s'écria-t-il. Vous ne » pouvez pas empêcher qu'il ne croye » aux devoirs sacrés d'un fils envers » son père; c'est pour lui une reli- » gion dont il sera le martyr. Que » je vous plains! »

Le jour d'après ne fut qu'une suite de scènes affreuses. J'allais sans cesse à l'église, pour me dérober aux cris de monsieur de Fargy; et je sentais tout ce que mon pauvre fils devait souffrir.

J'étais devant Dieu, lorsqu'un souvenir de ma jeunesse me saisit comme une inspiration. Je me rappelai, que monsieur de Fargy m'avait montré un jeune homme qu'il savait être fils du régent, et qu'une famille considérable faisait passer pour le sien. Les paroles de Chirac revinrent aussi dans mon esprit. N'avait-il pas dit : « Vous » ne pouvez pas empêcher qu'il ne » croye aux devoirs sacrés d'un fils » envers son père ! » Mes pensées étaient errantes, incertaines; ma vue même se troublait. Mes sentimens étaient tous contraires, et tous me faisaient également de mal. Il me paraissait impossible de renoncer à mon fils ; et déjà mon cœur déchiré le redemandait comme s'il n'était plus à moi. Déjà, pénétrée de son danger, je me disais : Si je lui persuadais qu'il ne nous appartient pas, que nous l'avons adopté... , il ne se croirait plus enchaîné par un devoir sacré.... A peine cette idée me fut-elle venue, que je la repoussai avec horreur. Moi ! le tromper, l'affliger si cruellement! moi, renoncer à mon enfant, n'être plus rien pour lui, me fermer son cœur! Mon Dieu! m'écriai-je, plutôt mourir!... Je sortis de l'église à l'instant, et, tremblante, j'accourus chez moi. J'y trouvai mon fils.

Il était couché sur un canapé; ses yeux se portèrent sur moi quand il me vit, mais il n'eut pas la force de se lever. « Asseyez-vous près de moi, » ma mère, me dit-il; donnez-moi » votre main, mais ne parlons pas, » car nous n'avons rien que de dou- » loureux à nous dire. » —Je m'assis, je gardai le silence; je pleurais, et mes larmes tombaient sur sa main que je pressais dans les miennes. « Je sens tout le mal que je vous » fais, ma mère, ajouta-t-il; mais il

» est des devoirs qu'il faut remplir » jusqu'à la fin. Nous en aurons la » récompense ; nous la trouverions » même dans notre cœur, si Dieu ne » nous la réservait pas. » — Je voulus lui répondre ; au premier son de ma voix, il m'interrompit. « Ma mère, » je vous en supplie, pas un mot ; » je sens ce que vous auriez à me » dire. »

Je ne lui parlai plus, puisqu'il le désirait ; mais du moins, nous restions l'un près de l'autre. Dans l'accablement où il était, ses yeux se fermèrent ; il s'assoupit un moment. Je considérais sa figure pâle, amaigrie ; je me rappelais les menaces de Chirac, et j'étouffais mes sanglots. Navrée de douleur, je pleurais, tremblant que mes pleurs ne fissent le moindre bruit... Il succombe, me disais-je, il périra peut-être, et il n'hésite pas à se sacrifier... ; tandis que moi, craignant d'affaiblir son affection, je m'arrête devant ce malheur que je ne pourrais supporter! Tout mon sang se révolte, à la seule pensée de rompre des liens si chers. Ils tiennent à mon cœur ; ils tiennent à ma vie.... Cet amour maternel, je l'ai senti aussi vif près de son berceau ; je l'éprouverai de même jusque près de ma tombe.... Il est, entre mon fils et moi, une chaîne invisible qui nous attache l'un à l'autre ; suis-je donc condamnée à la briser!.... Je le regardais encore.... Il me semblait que sa figure s'altérait à vue d'œil. Je cherchais à exciter mon courage ; je me répétais que j'étais coupable de balancer, que ma souffrance serait bien autrement cruelle, si son danger devenait plus grave.... Je me parlais, je me rendais ce danger présent; mais, lorsque je venais à penser qu'il me faudrait lui dire « je ne suis pas votre mère, » toute mon ame se bouleversait, et j'appelais la mort sur moi-même.

J'étais livrée à ces angoisses, lorsque mon fils, s'éveillant en sursaut, tressaillit et s'écria : « Comment ai-» je pu m'oublier si long-temps! » — Il se leva aussitôt. — « Tu vas » donc me quitter, mon enfant! lui » dis-je; j'ai pourtant bien besoin » d'être avec toi! » — « Et moi » donc, ma mère! près de vous mon » ame s'est apaisée; le sommeil m'a » rafraîchi; c'est le premier que

» j'aie goûté, sans être poursuivi par » des rêves affreux, réveillé par des » cris terribles. Je crois que vos yeux » attachés sur moi me protégeaient; » ils m'obtenaient du ciel quelques » momens de repos. Cependant, » souffrez que je retourne près de » celui qui m'a sans doute appelé » bien des fois... » — J'essayai encore de le retenir; il reprit : « Ma » mère, plus les devoirs coûtent à » remplir, plus ils prennent d'empire » sur notre ame. La vertu est bien » faible, le sentiment bien léger, » lorsque la volonté ne commande » pas tous les sacrifices! »

Je demeurai seule; je songeais à mon fils; jamais je ne l'avais tant aimé. Une voix intérieure me criait :

Il t'a marqué ce qui te reste à faire. Je croyais l'entendre me dire encore : *Le sentiment est bien léger, lorsqu'il ne commande pas tous les sacrifices*. Ces dernières paroles de mon fils, je me les répétais tout haut : elles m'effrayaient; je ne voulais plus les prononcer, et je les retrouvais dans mon cœur.

J'allai à l'église, j'espérais que la prière me consolerait. En ouvrant la porte, je vis la place où j'avais eu cette funeste inspiration. Une crainte mortelle me saisit, et je m'arrêtai. Il me semblait, qu'à cette même place, la même pensée me reviendrait. Je frémissais d'y ressentir encore ces mêmes déchiremens dont j'avais tant souffert; je n'eus pas la force d'entrer dans cette chapelle ; mais je me disais que je faisais mal , et je revins lentement dans ma chambre.

Je ne m'approchai plus de la fenêtre ; je tremblais de voir mon fils ; je m'égarais dans des idées sans suite ; je ne pouvais prendre aucune résolution..... Mon ame s'élevait vers le ciel, et je ne priais pas.... Je pensais à mon fils , et n'osais faire un pas pour aller le regarder.... Je craignais de parler , de me plaindre , d'agir ; tout mouvement me faisait peur.

Je ne sais combien de temps je restai ainsi. Le jour était tombé sans que je m'en fusse aperçue. Il n'y avait plus aucune clarté dans ma chambre ; mais , concentrée en moi-même, je ne remarquais rien de ce qui était autour de moi.

Chirac entra. Surpris de me trouver dans cette obscurité, il me dit avec une voix qui me fit tressaillir : « Pourquoi restez-vous ainsi au mi- » lieu des ténèbres? vous vous con- » sumez dans de funestes rêveries; » songez que vous avez besoin de » vous conserver pour eux. » — Toujours grondant, il alla chercher lui-même de la lumière, ferma mes volets pour qu'on ne me vît pas de chez monsieur de Fargy; et s'asseyant près de moi, il me dit avec ce ton sévère qu'il a, lorsqu'il est convaincu de ne pas se tromper : « Hé bien, Madame, sauverez-vous » votre fils? » — Je m'étais promis de ne point lui parler de la pensée qui m'occupait; et à cette question imprévue, je ne pus m'empêcher de la lui avouer.

Il me considéra avec surprise. Il se promena dans la chambre, comme il faisait lorsqu'une idée nouvelle et forte s'emparait de lui, et qu'il l'examinait sous toutes ses faces. Puis il s'approcha de moi, et ne fut plus que douceur et pitié. « Seriez-vous bien » capable, me dit-il, d'un si grand » dévouement ? » — « Vous avez rai- » son d'en douter, repris-je; car il » est mille fois plus affreux que de » mourir !..... Mais, docteur, je vous » en supplie, dites-moi si réellement » vous le croyez en péril ? » Hélas! je l'interrogeais encore, parce que j'espérais un doute, un délai : la plus légère incertitude m'aurait fait tant de bien! mais il ne fléchissait jamais. « C'est une victime qui s'est dévouée, » me répondit Chirac; il peut résis- » ter aujourd'hui, demain; tôt ou » tard il succombera. Je ne pourrais » pas soutenir cette vue continuelle, » moi qui n'ai point l'ame brûlante, » les sentimens exaltés que votre » fils nourrit comme le feu sacré. »

Il se promena encore, médita long-temps, et me dit : « Si vous avez » la force de prendre ce parti, le » seul peut-être qui vous reste, mais » que je n'aurais pas osé conseiller, » car il est trop grave, et n'est pas » de mon ressort; si vous vous y » déterminez, j'ai une prière à vous » faire, et une consolation à vous » donner. » — A ce mot de consolation je fondis en larmes : je n'avais plus ni courage ni volonté ; Chirac disposait de moi ; je ne pouvais résister ; je me sentais guidée par une main plus ferme et plus sûre que ma raison.

« Si l'amour maternel, reprit-il » en élevant la voix, peut vous ré- » soudre à ce cruel sacrifice, songez » qu'il faudra me promettre de n'a- » voir pas un instant de faiblesse ; » qu'il faudra soutenir à votre fils » ce que vous lui aurez dit, quelle » que soit la douleur qu'il en doive » éprouver ; car s'il pouvait conce- » voir le moindre soupçon, il juge- » rait combien nos inquiétudes ont » été grandes : son esprit serait » frappé, et le mal deviendrait sans » remède.... Voilà ma prière ; voici

» votre consolation.... Plus la folie » est subite et violente, plus elle » laisse d'espérance, plus il est pos- » sible de la guérir. Je vous pro- » mets de donner à monsieur de » Fargy tous les soins qui seront » en ma puissance : je le verrai cha- » que jour, sans en être aperçu ; je » placerai près de lui un nouveau » médecin, de nouveaux domesti- » ques. Ce changement total et im- » prévu le frappera, et l'on pourra du » moins lui faire les remèdes né- » cessaires ; car jusqu'à présent, la » tendresse aveugle de son fils n'a » pas permis qu'on le contrariât, et » il n'a été, comme je vous l'ai dit, » qu'un obstacle à sa guérison. Du » courage, et vous sauvez votre fils, » et vous lui rendez son père. »

« Docteur, repartis-je prête à » tomber à genoux devant lui, ne » me trompez-vous point? Avez-» vous réellement cette confiance? » — « Oui, et je vous le jure sur mon » honneur. »

Mon fils entra; je me sentais mourir. Je ne pus lever les yeux jusqu'à lui; il me parla, sa voix me fit fondre en larmes. « Qu'avez-vous, ma mère? » me dit-il. » — « Ah! m'écriai-je, » je suis trop malheureuse! » — Il ne répondit point. — Chirac ne s'éloigna pas. Nous étions tous trois en silence; on n'entendait que mes sanglots.... mon fils se pressa de sortir. Chirac l'accompagna, en me prévenant qu'il serait bientôt de retour.

Après leur départ, je restai à la place où il m'avait laissée. Ma résolution était prise ; je baissais la tête, et me disais : Dans quelques minutes, dans un instant, j'aurai volontairement perdu le seul bien qui m'attache à la vie !... Mais, ô mon Dieu ! permettrez-vous du moins qu'à ma dernière heure, il m'appelle encore sa mère ! Je suis soumise ; ayez pitié de moi, et protégez-le.

Chirac revint et me dit : « Vos » pleurs, votre silence, vos yeux » qui semblaient éviter votre fils, » l'ont troublé. Il s'inquiète, et cette » inquiétude le prépare à tout ce » que vous voudrez lui dire. Je voyais » son agitation ; c'est pour cela que » je ne vous ai pas quittés : je ne » voulais pas que vous pussiez le » rassurer. Je resterai avec vous » demain ; je veillerai à votre porte

» pendant que vous lui parlerez, et » je serai prêt à vous secourir. Du » courage, du courage, répéta-t-il » plusieurs fois, et votre sacrifice re- » cevra sa récompense. »

Je passai toute la nuit en prière; j'éprouvais un déchirement de cœur inexprimable. Dès la pointe du jour je me rendis à l'église, j'y demeurai long-temps. J'entendis un léger mouvement près de moi : c'était mon fils qui, ne m'ayant pas trouvée dans ma chambre, était venu me chercher. Il se mit à genoux et me dit : « Ma mère, prions ensemble. » — A sa voix, un effroi mortel me saisit; je m'en allai sans lui répondre.

Un sentiment inconnu, machinal, me portait à le fuir pour retarder, ne fût-ce que d'une seconde, l'horrible déclaration que j'avais à lui faire. Je courais plutôt que je ne marchais ; mon fils me suivait. Je me retournai pour lui faire signe de s'arrêter : ma tête se perdait, lorsqu'en arrivant chez moi je rencontrai Chirac près de ma chambre; sa vue fit sur moi l'effet d'une apparition, je me sentis glacée ; je m'appuyai contre le mur, ne pouvant plus respirer : je voyais en lui le malheur inévitable.

Mon fils nous joignit; sa présence m'épouvanta. J'ouvris ma porte, il me suivit; et Chirac, que je savais là à m'écouter, ne me laissait plus l'espoir de retarder encore. Je me jetai sur une chaise; mon fils consterné me demanda quel nouveau revers nous menaçait ? — « Ce n'est

» pas moi qui vais souffrir, c'est vous, » m'écriai-je désespérée ! » — « Si » ce n'est que moi, ma mère, re- » prit-il avec calme, vos leçons, » mon courage me feront trouver la » résignation qui me sera néces- » saire. Parlez. »

Ce sang-froid, qui n'était qu'apparent, brisait mon cœur, et cependant il soutint mes forces. Ah ! s'il m'eût montré plus de faiblesse, je l'aurais pris dans mes bras, et me serais attachée à lui, sans qu'aucune puissance eût pu m'en séparer. Je pleurais, je poussais des cris malgré moi ; j'étais dans une espèce de convulsion, de torture ; et, j'y ai pensé depuis, cet horrible état a dû lui persuader ce que j'allais lui dire.

« Vous me faites un mal affreux,

» ma mère, s'écria-t-il ; par grâce » abrégez mon supplice. » — « Mon » fils, repris-je, vous rappelez-vous » mes soins, ma tendresse, et com- » bien je vous ai aimé.......? Pour- » rez-vous pardonner à votre père, » à moi, une faute bien grave? » — Il ne me répondit plus : son ame tout entière était livrée à la terreur. — Tremblante je continuai : « Chi- » rac m'a dit hier qu'il faudrait bien » du temps, pour que votre père » pût retrouver sa raison.... Je vais » me retirer dans un couvent.... » Mais avant de quitter le monde, je » vous dois un aveu.... un aveu bien » pénible....; » et mes pleurs, mes angoisses vinrent étouffer ma voix.

Mon fils était debout devant moi ; ses sombres regards m'interrogeaient.

— Je ne pouvais poursuivre. — « Si » vous ne voulez pas que je meure » à vos yeux, me dit-il, expliquez-» vous. » — Tout mon sang se retira vers mon cœur; je frémissais; enfin je pus prononcer : « Vous n'ê-» tes point notre fils....... » — A ces mots, un tremblement universel le saisit, ses genoux fléchirent, et il tomba sans connaissance. Mes cris appelèrent Chirac qui le secourut; mais il fut difficile de lui faire reprendre ses esprits. Pendant qu'il était encore insensible, Chirac me répéta : « Souvenez-vous qu'il ne » vous est pas permis de vous ré-» tracter. »

Ces paroles me causèrent une secrète horreur contre lui, contre moi-même. J'étais à genoux près de mon pauvre fils ; et sans Chirac, qui ne nous quitta point, il est bien sûr que je n'aurais pu lui laisser cette mortelle douleur. Je ne sais ce que j'aurais dit, ce que j'aurais fait, quels remords je me serais préparés; mais je sens encore qu'il m'aurait été impossible de continuer à le voir souffrir.

Lorsque mon fils revint à lui, il me regarda avec effroi. « L'ai-je bien » entendu? » me dit-il. — Un coup-d'œil menaçant de Chirac m'arrêta, et mes larmes, mon désespoir furent ma seule réponse. Il entraîna mon fils dans une chambre d'où il ne pouvait plus voir celle de son père. Mon malheureux fils était si bouleversé qu'il ne s'en aperçut pas. Je le suivis; Chirac se plaçait toujours entre nous. Quelquefois les yeux de mon fils semblaient m'appeler, d'autres fois il détournait la vue. Il passa une nuit affreuse ; nous le veillâmes, sans oser le quitter un instant.

Le matin, je m'aperçus qu'il voulait me parler, et que la présence de Chirac lui était insupportable. Mais nous étions soumis à un caractère de fer, et il resta près de nous. Vers le milieu du jour, il me dit : « Votre
» fils est mieux, le danger est passé ;
» mais il vous reste encore un sa-
» crifice à lui faire : tenez-vous loin
» de lui pendant quelques heures ;
» laissez-le penser sans secousse à
» sa situation ; évitez tout entretien
» ensemble, jusqu'à ce que j'y con-
» sente. »

Je sortis ; la rigueur même de

Chirac me persuadait qu'il me conduisait plus sûrement. Son cœur si bon aurait-il voulu me faire tant souffrir, s'il ne l'eût pas cru indispensable? Je restai à la porte de mon fils ; souvent je l'entendis me demander. —On lui répondait toujours que j'étais à l'église....., en prière....; à cette réponse toujours la même, il s'écria douloureusement : « Dieu la » consolera ! » mais à l'altération de sa voix, je reconnus qu'il me reprochait mon absence, et croyait déjà sentir l'abandon.

Le troisième jour, il me fut permis de m'approcher de lui. J'étais plus morte que vive. Cependant, tous deux nous avions repris assez de force, pour que l'un ne s'occupât qu'à ménager la peine de l'autre. Chirac, nous voyant plus calmes, s'éloigna; mais il se tenait en dehors, prêt à reparaître. « Ai-je fait un » songe affreux, me dit mon fils; » ou mon souvenir ne me trompe-» t-il pas? Par pitié, racontez-moi » les commencemens de ma funeste » existence. »

Tout entière à ma douleur, je ne sais comment il ne m'était pas venu à l'esprit qu'il me ferait cette question. Je n'avais craint que son danger, je n'avais pensé qu'à ces terribles paroles : « Vous n'êtes pas mon » fils ! je ne suis pas votre mère ! » Mon ame, ma vie, tout s'était arrêté là. Aussi quand il me demanda des détails que je ne pouvais lui donner, je crus voir un nouvel abîme s'ouvrir devant mes yeux.

Je le regardais, sans trouver un mot; la voix me manquait pour lui répondre. Cependant, il insista si fortement qu'il me rappela en quelque sorte à moi-même; je m'écriai : « Un voile affreux cache ce » mystère; j'ai fait une promesse » inviolable, dont l'état seul de » monsieur de Fargy peut me relever. » — « Il n'a plus ni sa raison, ni une volonté qui vous commande, me répondit-il, et j'ai le » droit de connaître mon sort. » — « Mon fils, lui dis-je... » A ce nom il tressaillit; me reprenant aussitôt, j'ajoutai : « Mon enfant, l'enfant de » mes soins, de ma tendresse, ayez » pitié du trouble où je suis. Si je » perdais l'objet infortuné qui nous » fait tant souffrir, ou s'il ne re-

» venait plus à lui, tout vous serait » connu; alors vous liriez au fond de » mon cœur. Jusque-là, qu'il vous » suffise de savoir qu'à votre nais- » sance, vous reçûtes notre nom; » vous le porterez dignement, et » garderez, avec respect, cet im- » portant secret. »

« Je ne dois pas hériter de la for- » tune de monsieur de Fargy, » reprit-il; sa voix, sa figure annonçaient une résolution arrêtée. — Depuis ce moment, il cessa de l'appeler son père; et je frémissais du nom qu'il allait me donner. « Vous n'ignorez » pas, lui répondis-je, qu'il avait » vendu ses biens. » — « Les vôtres, » me dit-il d'un air sévère, ne m'ap- » partiennent pas davantage. » Cette froide réserve parut lui coûter beaucoup, et acheva de me désespérer. Je n'avais plus de fils, et j'étais encore mère !

Je fondis en larmes, en lui disant : « Au nom de l'affection si tendre » que j'ai toujours eue pour vous, ne » séparez pas votre existence de la » mienne ; je suis déjà si à plain- » dre ! Remettons à l'avenir ces hor- » ribles calculs ; consentez à rece- » voir de moi ce qui vous sera né- » cessaire, pour paraître dans le » monde suivant notre état. » — « Je ne dois pas abuser de vos bon- » tés, » répondit-il de ce ton grave et positif que donne la certitude de pouvoir tout supporter, plutôt que de se soumettre à une obligation.

J'admirais son courage ; mais, reprenant sur lui l'autorité dont nous

avions tous deux l'habitude, je continuai : « Vous ne voudrez point,
» par un faux orgueil, afficher les
» dehors de la misère ; vous ne voudrez point qu'en vous voyant pauvre, on se rappelle des désordres
» que nous devons tous faire oublier, ni qu'on m'accuse d'une
» coupable insouciance. » — Chirac, nous entendant parler vivement, rentra, et ne nous quitta plus.

Le lendemain il fut forcé d'aller à Paris. Avant son départ, mon fils lui demanda des nouvelles de monsieur de Fargy, comme il faisait sans cesse, lorsqu'il croyait que je ne l'apercevais pas. Dès que nous fûmes seuls, il me représenta qu'il avait le droit de savoir à qui il appartenait.

Mon ame lui criait : Reconnais ta mère;... et je gardai le silence!... Il me reprocha d'abuser de mon autorité. Depuis cet instant, il y eut entre nous un embarras qui ne faisait que s'accroître, un retranchement de toute aisance, de toute familiarité, qui me navrait. Quelquefois, je m'approchais de lui en tremblant, car j'étais devenue timide ; à présent c'était moi, moi! sa mère, qui l'abordais avec crainte! Il ne m'entendait plus; il ne savait plus lire dans mes yeux. Ah! je n'avais pas prévu combien chaque heure m'apporterait de souffrances nouvelles!

Quand il put se lever, il voulut revoir monsieur de Fargy. Chirac s'y opposa, en affirmant qu'il devenait plus tranquille depuis que, livré aux soins de la médecine, il n'avait plus de continuelles émotions. Mon fils eut l'air d'en douter, il me regarda; je sentis qu'il n'osait plus se permettre d'avoir une volonté, et qu'il se croyait étranger dans la maison de son père.

Notre position était trop contrainte pour être supportable. D'ailleurs je n'avais rempli que la moitié de ma tâche. Avoir arraché mon fils de la chambre de son père était beaucoup; mais il fallait qu'il n'y pût retourner. J'appris que, la veille, il s'était promené toute la nuit sous ses fenêtres, qu'il avait même été jusqu'à sa porte. Chirac l'avait prévu, et les gardiens avaient l'ordre de ne plus lui ouvrir. Cependant, si monsieur de Fargy l'eût su près de lui, et l'eût appelé, rien n'aurait arrêté mon fils. La piété filiale ne lui commandait plus, il est vrai; mais, par la seule reconnaissance, il pouvait se dévouer une seconde fois. Je m'étais ôté mes droits sur lui : alors nulle espérance, nul moyen de le sauver, et mon fils était perdu.

Chirac insistait pour qu'il voyageât pendant quelques mois, en me disant que lui-même avait exprimé le désir de s'éloigner de tout ce qu'il avait connu dans des temps plus heureux. Je ne pouvais consentir à m'en séparer; mais Chirac redoutait toujours ces instans de faiblesse, d'attendrissement, où je ne serais plus capable de garder mon secret. Pour me déterminer à ce dernier sacrifice, il en appelait à ma bonne foi, et me demandait si j'oserais répondre de mon courage. Hélas! je sentais bien que la douleur de mon fils finirait par être toute-puissante sur mon ame. « Vous croirez le danger passé » lorsqu'il ne sera que suspendu, me » disait-il ; et votre tendresse se pré» parera d'éternels regrets. Au pre» mier mot, au moindre doute, ce » jeune homme voudra retourner » chez son père; ou, je vous en ai » prévenue, effrayé sur lui-même, » il jugera combien son état a été » menaçant, puisqu'il a pu vous faire » prendre une résolution si cruelle » pour vous et pour lui. Pardonnez» moi de vous affliger, ajouta-t-il; » mais, je vous le déclare, alors crai» gnez tout, pour sa vie ou pour sa

» raison.»—A cette crainte horrible, je me soumis.

Le soir même, j'annonçai à mon fils que *j'étais décidée* à me retirer dans un couvent Je le suppliai d'aller à Paris, pour régler mes affaires dont je voulais lui abandonner le soin. Il se jeta à mes pieds, en m'assurant de son respect, de *son dévouement*. « Mais, par pitié, ajouta-t-il, nom-
» mez-moi ceux à qui, dans le se-
» cret de mon cœur, je dois pro-
» mettre l'affection d'un fils; j'ai
» besoin de les connaître, de porter
» au moins mes regards sur eux, s'il
» m'est défendu de leur parler. Pro-
» noncez leurs noms, vous pouvez
» vous en fier à ma parole, je ne les
» révélerai jamais. »

J'avais bien pu tromper mon fils pour le sauver; mais accuser qui que ce fût m'était impossible. J'osai lui dire qu'une crainte mortelle m'enchaînait, et ne me permettait pas de lui répondre. Il me conjurait, me suppliait, ne cessait de répéter qu'après les soins qu'il avait donnés à monsieur de Fargy, la piété filiale avait pris sur lui tant d'empire qu'elle était devenue une passion. « Mon » ame, disait-il, cherchera-t-elle en » vain ces objets de culte et d'a» mour?.... » —Je ne pouvais rompre le silence; je mourais, et je lui parus insensible...! Désespéré de ne pouvoir rien obtenir, il se leva en s'écriant : « Et moi aussi, je vais » prononcer un serment! je quitte» rai la France, et vous ne me re-

» verrez, que lorsque vous aurez » consenti à me confier un secret, » qui est le mien, bien plus qu'il » n'est le vôtre.... » Il me regarda;... sans doute, il se persuadait que la menace de ne plus le voir me ferait céder à ses instances.... J'étais sans mouvement; les yeux levés vers le ciel. Je n'attendais que de lui une force que je n'avais plus. Mon cœur était brisé, et je ne prononçai pas une parole.... Mon fils, trop sûr que je persisterais dans mes refus, me laissa; il dut croire qu'en lui avouant qu'il n'était pas à moi, j'avais perdu tous les sentimens de mère.

Chirac vint encore me rendre du courage. Il me répéta qu'il ne doutait point de la guérison de monsieur de Fargy, sans pourtant qu'il lui fût

possible d'en marquer l'époque. Il fit briller à mes yeux l'espérance de revoir mon fils, et ne cessa de me représenter ce moment où je lui apprendrais tout ce que j'avais souffert pour lui. « Eh! quand je le lui di-
» rais, m'écriai-je, me croirait-il?
» Quel est le fils qui devine toutes
» les souffrances, et tous les secrets
» du cœur d'une mère? »

J'appris que mon fils s'était décidé à partir la nuit même. D'abord il n'avait voulu emmener personne; mais un vieux valet de chambre que j'avais placé près de lui depuis son enfance, obtint, à force de prières, la permission de l'accompagner. J'allai dans le milieu de la nuit trouver André, cet excellent serviteur; je lui remis tout l'argent qui pouvait lui être nécessaire. J'exigeai qu'il m'écrivît de chacune des villes où son maître s'arrêterait ; je lui promis qu'il trouverait partout de mes nouvelles ; et tranquille sur tous ces points, je revins chez moi.

A peine étais-je rentrée dans ma chambre, que j'entendis marcher doucement dans le corridor. Je reconnus le pas de mon fils; il s'arrêta à ma porte : Sûrement, me disais-je, son cœur vient me chercher encore... Peut-être prie-t-il pour moi ! . . . . . Je me mis aussi à genoux, en demandant à Dieu de veiller sur lui...... Une simple porte nous séparait; je voulais, et n'osais l'ouvrir : mais je ne sais quel sentiment secret me faisait espérer que mon fils ne s'en irait pas, sans me dire un dernier adieu... Je regardais cette porte, je croyais toujours qu'il allait paraître; je tremblais, je n'étais plus à moi..... Hélas ! bientôt je l'entendis s'éloigner ; chacun de ses pas me causait un frémissement que je ne puis rendre.

J'étais seule ; l'obscurité de la nuit, son profond silence, augmentaient mon effroi. Je courus à ma fenêtre, pour saisir le moindre mouvement; j'écoutais sans respirer. Tout-à-coup, le bruit d'une voiture qu'on faisait sortir bien lentement, pour n'éveiller personne, m'apprit que mon pauvre fils m'échappait.... Pouvait-il croire que je dormais tranquille, lorsqu'il était malheureux!..

Après son départ, André m'écrivait d'abord tous les jours: mais la distance finit par rendre ces lettres plus rares; et cependant je n'existais que pour attendre l'instant où la poste arriverait. Je fus instruite des périls que mon fils avait bravés pour madame de Limours; j'appris que son mari et elle en conservaient une vive reconnaissance, et avaient pour lui un véritable attachement. Je les bénissais, et ils ne s'en doutaient pas; mais en même temps je me disais : « Est-ce à des étrangers à le » consoler lorsqu'il souffre ? n'est-ce » pas moi qui étais appelée à parta- » ger ses douleurs ! »

Dans la profonde affliction qui m'accablait, je voulus aussitôt me retirer au couvent, comme je l'avais annoncé à mon fils. Lorsque j'entrai à Ste.-Élisabeth, j'insistai pour ne recevoir personne. Ah! ma chère Blanche, que j'étais malheureuse! Seule dans ma cellule, je passais des heures à considérer le portrait de mon fils. Baignée de larmes, il m'arrivait quelquefois de lui parler : je lui demandais pardon de lui avoir fait tant de mal; je le regardais, et il me semblait voir le reproche dans ses yeux. Alors, égarée, je me réfugiais à l'église. Là encore, en présence de Dieu même, je ne savais plus où j'étais; ma pensée suivait mon fils. Il est loin, me disais-je : dans toutes ses autres peines il m'a cherchée; mais celle-là lui vient de moi : il me fuit!... Par une fatalité inexplicable, le souvenir du danger dont je l'avais sauvé s'affaiblissait chaque jour; et chaque jour, le regret, le remords de l'avoir rendu malheureux, venait déchirer mon cœur avec une douleur plus vive. J'allais y succomber, lorsque vous me trouvâtes mourante, et accourûtes à mon secours. Je crus voir un ange envoyé pour me consoler. Je ne sais par quel pressentiment, je fis même de votre présence un augure favorable; et sans en examiner le motif, je sentis mon ame se rouvrir à l'espérance. Au lieu de vous exclure de ma retraite, je vous désirais près de moi. Votre douce affection me rendait paisible. Bientôt je vous aimai comme ma fille; bientôt vos soins me devinrent nécessaires; j'avais tant besoin d'aimer et d'être aimée!.....

Tous les matins on m'apportait

une lettre de Saint-Maur, pour me rendre compte de l'état de monsieur de Fargy. Suivant qu'elle était inquiétante, ou propre à me rassurer, je devenais plus triste, ou plus tranquille. Souvent vous étiez chez moi quand je recevais ces nouvelles; je devinais combien les variations de mon humeur vous étonnaient.

J'allais une fois la semaine, avec Chirac, voir comment monsieur de Fargy était soigné. Je m'informais avec anxiété de ses paroles, de ses dispositions : quelquefois je reprenais un peu de confiance; d'autres fois son état me paraissait le même, et je m'en retournais désolée : c'est ce jour auquel vous attachiez des idées de mystère et de fatalité que je ne pouvais détruire.

Pourtant, ma chère Blanche, pendant que vous étiez à la campagne, je repris un peu de courage. Chirac venait, avec empressement, me faire part des améliorations qu'il trouvait dans l'état de son infortuné malade. En effet, éclairé par sa longue expérience, il avait bien jugé. Monsieur de Fargy, ne voyant plus que des êtres inconnus et impassibles, est devenu lui-même plus calme. Il y a déjà six semaines qu'il a demandé des livres : d'abord il n'a fait que les feuilleter; puis il a lu quelques lignes, et enfin des pages, sans suite il est vrai, mais du moins avec une sorte d'attention.

Depuis un mois il se promène; et, comme ses gardiens ont ordre de lui obéir dans tout ce qui ne peut pas lui nuire, ils se bornent à le suivre à quelque distance, sans le contrarier inutilement. Monsieur de Fargy reste donc une grande partie du jour dans le parc. La solitude, cette apparence de liberté, le laissent à lui-même. Il paraît réfléchir sur son état, et se livrer à des idées qui toutes lui sont pénibles, mais dont il est sans cesse occupé.....

J'en étais là de ma lettre, ma chère Blanche, lorsqu'on m'a fait avertir que Chirac me demandait au parloir. Ce n'est pas le jour où il a coutume de venir. J'ai craint quelque accident funeste, et j'ai couru le trouver. Il m'a appris qu'hier monsieur de Fargy, se rendant, le matin, dans le parc, passa devant l'appartement que j'occupais avant nos malheurs. Aussitôt, et comme saisi par un sentiment irrésistible, il y entra, et fut frappé d'une émotion qui semblait bouleverser toute son ame. Il s'y arrêta, et s'assit, car il n'avait plus la force de se soutenir; il couvrit son visage avec ses mains, et resta long-temps absorbé dans une profonde rêverie. Ses gardiens étaient près de la porte, à l'observer, quand ils l'entendirent s'écrier : « Ah! que » j'aurais besoin d'un ami! mon » Dieu, ne m'accorderez-vous pas » un ami? » — Leur présence le gênait; cependant, soit qu'il reconnût l'impossibilité de s'en délivrer, soit qu'il voulût échapper à ses propres pensées, il se leva, regarda la place où je m'asseyais toujours; des larmes tombèrent de ses yeux ; mais il s'efforça de les cacher à ces hommes dont la vue lui est odieuse.

En s'en allant, il remarqua qu'on avait ôté le portrait de mon fils : c'est celui que j'ai mis dans ma cellule ; c'était mon unique bien.... Il considéra long-temps la place où il avait l'habitude de le voir, et dit tout bas : « Ils n'y sont plus ; tous m'ont abandonné ! » — Il sortit de la chambre ; la ferma en soupirant, et entra dans le jardin. Il se promenait lentement ; ses gardiens, qui le suivaient de loin, purent juger qu'il était profondément ému.

Depuis trois semaines, il ne dit plus un mot à personne. On lui parle, il ne répond pas ; mais ne montre point d'impatience. Il est accablé, regarde autour de lui, comme s'il désirait d'autres soins que ceux qu'il reçoit. Ce qui ajoute encore à nos espérances, c'est qu'il paraît sentir l'état où il a été ; tout ce qui l'environne le blesse et l'embarrasse.

Chirac veut que j'aille demain à Saint-Maur avec lui, pour être prête à me présenter si monsieur de Fargy me demandait. Je partirai donc ; mais, ma chère Blanche, j'ai voulu auparavant terminer cette lettre. Elle vous sera remise demain de très-bonne heure, car il est trop tard pour vous l'envoyer ce soir. Lisez-la, et rapportez-la moi avant midi. Mon enfant, je ne m'en irai pas que vous ne soyez venue ; j'aimerai à vous voir, à vous entendre me dire que vous avez plaint mes longs tourmens, que vos vœux me suivront, et que vous allez prier pour votre malheureuse amie.

La comtesse de Fargy.

Blanche reste épouvantée à la vue de tant de malheurs. Cette mère si tendre et si courageuse, ce fils si vertueux, pénètrent son cœur d'admiration et de pitié. Son affection pour eux s'augmente avec leur infortune. « Du moins, s'écrie-t-elle, je n'ai » pas eu besoin, pour les aimer, de » connaître ces cruelles épreuves ! » Depuis long-temps mon ame avait » deviné la leur... » Elle reprend cette lettre, y veut relire seulement ce qui a rapport à madame de Fargy et à son fils.... Tout-à-coup on vient lui dire que madame de Nançai la demande.

En descendant, elle cherche comment elle pourra obtenir la permission d'aller à son convent. Il était près de midi : tout entière aux souffrances de son amie, elle avait oublié de se rendre chez sa grand'mère au moment de son réveil; aussi en fut-elle reçue avec beaucoup d'humeur. « Comment avez-vous donc » passé votre matinée? » lui dit-elle. — Blanche, étonnée de cette question, n'osa pas y répondre. Sa grand'mère ne lui avait jamais paru si mécontente. « Pourquoi n'êtes-vous » pas encore habillée? » continua-t-elle. — Blanche soupira, et crut être assez vraie en disant qu'elle avait senti du mal-être, et ne savait pas qu'il fût si tard. — « Qu'avez-vous » éprouvé ? » reprit madame de Nançai d'une voix un peu plus douce. — « Je ne pourrais pas l'expli- » quer ; mon cœur était serré, et » je suis restée jusqu'à ce que je » me sois trouvée mieux. »

Elle voulait absolument aller à Ste.-Élisabeth ; mais sa grand'mère ne paraissait pas trop disposée à lui en accorder la permission. Blanche regardait sans cesse la pendule ; elle craignait que madame de Fargy ne l'eût attendue, que peut-être elle ne fût partie, et elle se désolait. Enfin elle dit : « Il me semble, Maman, que » l'air me ferait du bien. J'aurais » envie de passer une demi-heure à » mon couvent, si vous y consen-

» tiez ; cela me distrairait et me sou-
» lagerait. »

Madame de Nançai s'impatientait, toutes les fois que sa petite-fille témoignait le désir d'aller à son couvent, et elle était toujours prête à la refuser. Aussi lui répondit-elle sèchement qu'elles iraient ensemble au premier jour. Blanche sentait combien madame de Fargy devait être inquiète de ne pas la voir, et elle ne put assez dissimuler sa peine pour que sa grand'mère ne la remarquât pas.

« Quoi! s'écria madame de Nan-
» çai, vous ne pouvez supporter la
» plus légère contrariété ? le moin-
» dre retard, quand vous annoncez
» une fantaisie, vous paraît un mal-

» heur. Je vous plains, car dans le » monde vous aurez beaucoup à » souffrir. » — A ces mots, Blanche se retira dans un coin de la chambre, prit un livre qu'elle ne lisait pas, se faisant un tourment de l'inquiétude que devait avoir son amie.

Madame de Nançai prit aussi son ouvrage. Elles étaient, sans se parler, fort loin l'une de l'autre, lorsqu'à une heure monsieur d'Entragues arriva pour dîner. « Venez admirer » Blanche, lui dit madame de Nançai : parce que j'ai osé remettre à » demain une visite qu'elle voulait » faire aujourd'hui, mademoiselle » me boude ; je suis sûre qu'elle me » trouve exigeante, injuste, enfin » qu'elle m'applique tous ces grands

» mots avec lesquels les jeunes per-
» sonnes aiment à se créer de grands
» chagrins, et se permettent d'être
» fort ingrates. » — Elle accompagna ces paroles d'un léger signe à monsieur d'Entragues, pour qu'il fît sentir à sa petite-fille qu'elle avait tort. — Aussi reprit-il : « Je suis
» persuadé que mademoiselle aurait
» beaucoup à répondre pour se dé-
» fendre; et, Madame, puisque vous
» m'établissez juge dans une affaire
» si grave, il faut que j'entende tout
» le monde. »

Il s'approcha de Blanche qui lui dit bien bas : « J'ai désiré d'aller
» passer un quart d'heure à mon cou-
» vent, un seul quart d'heure; ma
» grand'mère s'y est refusée malgré

» mes instances ; il m'a paru que » c'était uniquement pour m'affliger, » et je me suis affligée. » — « Mais, » lui répondit-il du même ton, » n'êtes-vous pas un peu déraison- » nable, de regretter autant aujour- » d'hui une visite qu'on vous pro- » met de faire demain? » — « Vous » voilà toujours le même, répliqua- » t-elle; toujours prêt à décider » sans rien savoir. Apprenez que » cette visite d'aujourd'hui me te- » nait au cœur, et que celle de de- » main me sera fort indifférente. » — « Hé bien! reprit-il en riant, » vous auriez dû communiquer cette » bonne raison à madame votre » grand'mère ; voulez-vous que je » lui en fasse part? » — « Si vous » renoncez à être mon ami, lui dit

» Blanche avec tristesse, vous êtes
» bien le maître. »

Monsieur d'Entragues fut touché de son air tendre et confiant: « M'ap-
» prendriez-vous, ajouta-t-il, pour-
» quoi vous souhaitiez si vivement
» d'aller à Sainte-Élisabeth ce ma-
» tin ? » — « Je voulais dire adieu à
» une de mes amies qui part pour la
» campagne, et je n'ai pas osé l'a-
» vouer; car vous savez que ma
» grand'mère n'aime pas ceux que
» j'aime. » — « Je sais, reprit-il,
» qu'elle est un peu jalouse de votre
» affection; mais c'est une preuve de
» celle qu'elle a pour vous, et vous
» devriez y être sensible. Croyez-
» moi, venez l'embrasser; ensuite
» nous pourrons dîner gaiement :
» car je ne veux point pâtir de vos

» débats d'enfans. » Il la conduisit près de madame de Nançai, et la paix se rétablit.

Cependant, Blanche, pensant toujours à madame de Fargy, ne pouvait cacher sa préoccupation; et malgré les efforts de monsieur d'Entragues, le dîner fut assez ennuyeux. Blanche n'avait pas encore prononcé une seule parole, lorsque tout-à-coup elle demanda à madame Nançai : « Maman, le médecin qui est venu » ici le jour de votre arrivée, se nom» me-t-il monsieur Chirac ? » — « Oui, pourquoi cette question ? » — « Ah! j'en suis enchantée ! » reprit Blanche tout émue ; car elle espérait qu'elle pourrait le voir chez sa grand'mère, et apprendre de lui des nouvelles de madame de Fargy :

« Je serais curieux de savoir, repartit » monsieur d'Entragues, pourquoi » cela fait tant de plaisir à made- » moiselle ? » — « C'est, répondit » Blanche, qu'une personne qui » était à mon couvent en disait » beaucoup de bien ; et, comme, le » jour où j'ai vu ce médecin ici, » vous ne l'avez jamais appelé que » *Docteur*, *cher Docteur*, j'igno- » rais son nom. »

Le mot *couvent* rendit à madame de Nançai son humeur ; et d'ailleurs, à son insu, elle se sentait toujours de l'éloignement pour tous ceux que sa petite-fille semblait préférer. « Je » ne comprends pas comment on » supporte Chirac, répondit-elle ; » c'est un homme brusque, despoti- » que, incapable d'aucune complai-

» sance : il faut que son air certain
» impose malgré soi, car j'ai eu mille
» fois envie de le quitter. » — « Le
» quitter ! s'écria monsieur d'En-
» tragues. Auriez-vous donc oublié
» que monsieur de Cambrai, que
» vous avez passé votre vie à ado-
» rer, pour qui vous portiez la sou-
» mission jusqu'à nommer révolte
» d'esprit le plus simple examen de
» ses moindres jugemens, disait à
» son neveu qu'on désobéit à Dieu
» même en désobéissant à Chirac? »
— « Je m'en souviens; je n'ai rien
» oublié de tout ce que monsieur de
» Fénélon a dit : mais, il m'est per-
» mis de penser que s'il vivait en-
» core, il changerait peut-être d'avis
» sur ce médecin. » — « Eh bien,
» Madame, repartit monsieur d'En-

» tragues, si vous en voulez un » qui vous écoute avec plus de défé- » rence, qui ait un ton moins po- » sitif, prenez l'agréable Silva. Je » m'amuserai beaucoup à voir com- » ment il se démêlera de vos viva- » cités. Avant qu'il ait fini d'admirer » vos lumières en médecine, qu'il » soit sorti de ses savantes circonlo- » cutions, vous lui aurez cent fois » prouvé qu'il avait tort; et, à la » première inquiétude sérieuse, » vous reviendrez à Chirac, préci- » sément parce que la crainte qu'il » vous inspire vous le fait regarder » comme un oracle. »

Blanche se persuada que le bien qu'elle avait dit de Chirac avait porté sa grand'mère à le traiter avec tant de sévérité. Aussi se promit-elle de ne plus parler de lui : c'était une épreuve trop difficile pour un cœur jeune, franc, ouvert, que de peser toutes ses expressions, et d'avoir toujours peur que chaque mot ne fît justement un effet contraire à celui qu'elle désirait produire.

Monsieur d'Entragues la chérissait avec une extrême tendresse. Dès qu'elle lui témoignait de l'amitié par un regard, par un sourire affectueux, il ne songeait plus qu'à rendre sa grand'mère plus indulgente pour toutes ses fantaisies. Après le dîner, il proposa à madame de Nançai de faire sa partie de trictrac. Avant de la commencer, il s'approcha d'elle et lui dit : « Envoyez cette » jeune personne voir les compa- » gnes de son enfance ; elle reviendra

» plus aimable et plus gaie : car il » faut nous rendre justice, nous » sommes un peu sérieux pour son » âge ! » — Madame de Nançai n'était pas trop disposée à y consentir ; mais ne sachant quelle bonne raison donner pour s'y refuser, elle demanda sa voiture, et dit à sa petite-fille d'aller à Ste.-Élisabeth, puisqu'elle le désirait si vivement.

Blanche se douta bien qu'elle devait cette permission à monsieur d'Entragues. Ses yeux, son cœur, le remerciaient, et il se trouvait heureux de sa joie. Elle se rendit à son couvent, se flattant d'y trouver encore son amie ; mais son espoir fut trompé. Madame de Fargy était partie le matin même, et avait laissé pour Blanche la lettre suivante :

« Je ne puis attendre plus long-
» temps, ma chère enfant ; croyez
» cependant que je ne vous accuse
» pas de négligence : je suis trop
» sûre que vous n'avez pu vaincre
» les obstacles qui vous ont retenue,
» et que vous en avez été aussi con-
» trariée que moi-même. Gardez
» ma lettre soigneusement, et ne la
» montrez à qui que ce soit : je vous
» écrirai de Saint-Maur, où je vais
» le cœur rempli d'espérance et de
» crainte. »

Ce petit billet rassura Blanche. Après avoir fait une courte visite à la supérieure et aux pensionnaires, elle s'empressa de revenir chez sa grand'mère.

FIN DU TOME TROISIÈME.

www.ingramcontent.com/pod-product-compliance
Lightning Source LLC
LaVergne TN
LVHW011958220826
846092LV00001B/202

* 9 7 8 2 3 2 9 8 0 9 2 3 6 *